教育部人文社会科学研究青年基金项目（20YJC740065）

多模态视域下的
中国国家形象宣传片研究

王小梅　著

同济大学出版社
TONGJI UNIVERSITY PRESS
·上海·

图书在版编目(CIP)数据

多模态视域下的中国国家形象宣传片研究 / 王小梅著. —上海: 同济大学出版社, 2023.12

ISBN 978-7-5765-1007-2

Ⅰ. ①多…　Ⅱ. ①王…　Ⅲ. ①国家—形象—传播学—研究—中国　Ⅳ. ①D6 ②G206

中国国家版本馆CIP数据核字(2023)第256042号

多模态视域下的中国国家形象宣传片研究

王小梅　著

出 品 人　金英伟　　责任编辑　熊磊丽

责任校对　徐春莲　　封面设计　张　微

出版发行　同济大学出版社　　www.tongjipress.com.cn

(地址: 上海市四平路1239号　邮编: 200092　电话: 021-65985622)

经　　销　全国各地新华书店、网络书店

排版制作　南京展望文化发展有限公司

印　　刷　苏州市古得堡数码印刷有限公司

开　　本　889mm × 1194mm　1/32

印　　张　7.75

字　　数　209 000

版　　次　2023年12月第1版

印　　次　2023年12月第1次印刷

书　　号　ISBN 978-7-5765-1007-2

定　　价　48.00元

序

国家形象是指在世界文化交流越来越频繁的全球化时代，一个国家的外部公众、国际舆论和内部公众对国家各方面，包括文化历史、现实政治、经济实力、国家地位、伦理价值导向等的主观印象和总体评价。随着互联网在全球范围的普及以及各种新式媒体的崛起和广泛应用，媒介环境发生了巨大变化，国家形象已成为国际交往和文化传播的核心议题，是一个国家综合软实力的集中体现，深受文化因素的影响与制约。文化是国家形象存在的主要形态之一。

季羡林先生曾把文化分为两类，狭义的文化和广义的文化。狭义的文化是指哲学、宗教、文学艺术、政治、经济、伦理、道德等，广义的文化是指包括精神文明和物质文明所创造的一切优秀的东西。中华民族悠悠五千年的璀璨历史孕育积淀了凝厚博广、翠羽明珰的文化遗产，洋洋大观的文化成就更是在物殷俗阜的中华大地之上不断推动着人类文明发展和前进的步伐。

改革开放四十多年来，经济的快速发展使得中国成为世界第二大经济体，人民生活水平不断提高。随着经济实力和综合国力的大幅提升，作为国家软实力发展重要表征的中华文化国际传播，其重要性也日益凸显。但由于历史原因，以及西方社会固有的刻板印象与偏执，中国的国际话语权依然处于弱势，尤其是在国际舆论传播方面，常常被西方舆论所影响甚至牵制。在当下“西强东弱”的国际传播格局下，传播语境与视角仍受固在西方所构建的整体修辞框架之中。同时，文化帝国主义依然存在，中国文化在国际传播中受到较强的负面影响。因而，现阶段中国文化对外传播容易陷入被动局面。

未来已来，日生不殆。不同国家、不同民族、不同语言、不同文化背景的人们，唯有加强互动交流，才能不断增进理解，形成推动构建人类命运共同体的合力。良好的国家形象是国家软实力的核心组成部分，是提升国家国际竞争力的重要推动力。党的二十大报告提出："加强国际传播能力建设，全面提升国际传播效能，形成同我国综合国力和国际地位相匹配的国际话语权。"近年来，中国国家形象建构以及中华文化对外传播取得了不少堪称辉煌的成就，但同时也存在着许多不容忽视且亟待解决的问题。随着综合国力和国际地位不断提升，中国不可避免地触动了西方霸权，引起西方国家的警惕与压制。西方挥舞各种大棒，在政治、经济、文化、科技、人才等领域全方位围堵中国。占有优势话语权的西方媒体长期传播"中国落后论""中国威胁论"，有意无意歪曲、抹黑、贬损中国，并企图在国际社会中漠视甚至孤立中国。中国国家形象被以美国为首的西方国家不断抹黑或者矮化，对中国对外文化传播造成负面影响，导致西方受众对中国缺少真实了解与客观评价，形成了较大的认知鸿沟。

国际社会对一个国家的认知和评价往往受制于他者的视角和信息传递。同世界上许多发展中国家一样，当下中国也面临传播逆差这个共同的挑战，即外界对其了解不足，信息主要受制于"他者"的话语。这种传播逆差可能导致国家形象传播不准确、片面，甚至产生误解和偏见。消除传播逆差、占领国际话语的高地无疑就成了国家形象建构、对外文化传播的重中之重。通过积极建构国家形象，我们可以在国际舆论中掌握主动权，引导国际社会正确理解和认同我国的国家形象。这种占领国际话语高地的努力，有助于在国际议程中获得更大的话语权，进而进一步促进更优质更健康的国际合作与发展。

王小梅老师所著《多模态视域下的中国国家形象宣传片研究》从

宣传片对外传播塑造的国家形象变化角度解读中国在国家形象塑造方面的发展，解析其对外传播过程中遇到的障碍，探索提高中国国际话语权的解决方案，研究思路达地知根，研究脉络条分缕析，析精剖微，以微见著。

难能可贵的是，该书在对中国国家形象研究现状做出较为全面梳理和廓清的基础上，从多模态理论出发，结合传播学理论，探讨新中国成立以来中国国家形象宣传片的多模态话语特点，解说词的翻译以及对外传播表达。具体言之，从话语的语言模态、图像模态、声音模态、语篇、多模态修辞和意向六个维度出发，从模态话语分析框架、多模态话语特点、多模态翻译和对外传播四个方面阐释前述六个维度是如何互相作用，合力构建中国国家形象的。这种视角独特的国家形象研究，其价值在于力图避免国家形象建构中的“却是平流无石处，时时闻说有沉沦”的情形发生。

中国国家形象表现形式千姿百态且丰富多元，而国家形象宣传片凭借其声画兼备的表达方式及多模态传播的独特魅力，同报纸、广播等其他形式的外宣相比，较易突破西方文化霸权下的媒体封锁，易于被外国观众接受，因此，对中国国家形象的重塑和建构起到了独特的作用。基于此，国家形象宣传片制作更应立足于中华民族精深而悠远的文化，表达恒久且深厚的民族精神，彰显自信强大的大国风范。

书短意长，谨志本书为作者在该领域日后累累结实、左右采获的起点。

是为序。

司显柱

2023 年 11 月 12 日于榕城

目录

序 I

第 1 章 | 绪论 001

1.1 概念界定与研究现状 005

1.1.1 国家形象宣传片的起源和概念界定 005

1.1.2 中国国家形象宣传片的发展 006

1.1.3 中国国家形象宣传片的研究现状 008

1.2 研究内容与研究思路 009

第 2 章 | 多模态话语分析 015

2.1 多模态话语分析的理论基础 017

2.2 多模态话语分析的发展 020

2.3 多模态研究的主要方法 023

2.4 多模态修辞 026

2.5 国内多模态话语分析的发展 030

2.5.1 理论探讨研究 031

2.5.2 应用研究 033

2.5.3 研究发展 035

2.6 多模态话语分析理论框架 036

第 3 章 | 中国国家形象宣传片的多模态话语分析 041

3.1 1949—1977 年他塑阶段 044

3.1.1 1949—1977 年中国国家形象宣传片简况 044

3.1.2　个案分析：纪录片《中国》　046
3.2　1978—2008 年他塑为主、自塑为辅阶段　063
3.2.1　1978—2008 年中国国家形象宣传片简况　063
3.2.2　个案分析：纪录片《美丽中国》　067
3.3　2009—2016 年自塑为主、他塑为辅阶段　089
3.3.1　2009—2016 年中国国家形象宣传片简况　089
3.3.2　个案分析：纪录片《舌尖上的中国》　091
3.4　2017 年至今自塑和他塑合力阶段　118
3.4.1　2017 年至今中国国家形象宣传片简况　118
3.4.2　个案分析：宣传片《中国进入新时代》　119

第 4 章 | 中国国家形象宣传片的多模态翻译　131

4.1　多模态翻译的发展及界定　133
4.1.1　视听翻译　137
4.1.2　多媒体翻译　139
4.1.3　多模态翻译　140
4.2　国内多模态翻译研究概述　143
4.2.1　研究总体趋势　143
4.2.2　多模态翻译研究内容分析　144
4.3　中国故事的多模态翻译　151
4.4　他塑视角下中国国家形象宣传片的多模态翻译　153
4.4.1　分析框架　155
4.4.2　案例分析:《美丽中国》解说词的多模态翻译　157
4.5　自塑视角下中国国家形象宣传片的多模态翻译　167
4.5.1　分析框架　168
4.5.2　案例分析:《角度篇》解说词的多模态翻译　169

第 5 章 | 中国国家形象宣传片的对外传播　181

5.1　中国国家形象宣传片的多模态表达　183
5.1.1　图像模态　185

5.1.2 文字模态 185
5.1.3 声音模态 186
5.1.4 多模态隐转喻修辞手法的运用 187
5.2 中国国家形象宣传片对外传播效果分析 188
5.2.1 中国国家形象宣传片的对外传播效果 189
5.2.2 中国国家形象宣传片对外传播的不足 193
5.3 中国国家形象宣传片对外传播面临的挑战 199
5.3.1 文化差异 199
5.3.2 刻板印象 201
5.3.3 叙事方式 203
5.4 中国国家形象宣传片对外话语权提升路径探析 204
5.4.1 话语内容的提升：文化超越 205
5.4.2 话语方式的提升：小叙事 207
5.4.3 话语渠道的提升：构建国际传播体系 208

第 6 章 | 总结与展望 213

参考文献 220

第 1 章　绪论

美国著名经济学家肯尼思·艾瓦特·博尔丁（Kenneth Ewart Boulding）是较早进行国家形象研究的学者之一。他从哲学和心理学的角度，对国家形象进行了深入的研究。1959年，他在《国家形象和国际体系》（National images and international systems）一文中指出："国家形象是一个国家对自己的认知以及国际体系中其他行为体对它的认知的结合，是一系列信息输入和输出的结果，是一个结构十分明确的信息资本。"（引自刘朋，2009：124）20世纪90年代"国家形象"一词随着美国学者约瑟夫·奈（Joseph Nye）"软实力"理论逐渐走进国人的视野。国内学者对于"国家形象"的理解见仁见智。管文虎（2000：23）认为："国家形象是一个综合体，是国家的外部公众和内部公众对国家本身、国家行为、国家的各项活动及其成果所给予的总的评价和认定，国家形象具有极大的影响力、凝聚力，是一个国家整体实力的体现。"徐小鸽（2000：27）认为："国家形象是一个国家在国际新闻流动中形成的形象，或者说是一国在他国新闻媒介的新闻言论报道中所呈现的形象。"刘继南、何辉（2006：5）则认为："国家形象是在物质本源基础之上，人们经由各种媒介，对某一国家产生的兼具客观性和主观性的总体感知。"

总的来说，国家形象是特定国家的历史与现状、国家行为与活动在国际社会和国内民众心目中形成的印象和评价。尽管学者们从不同的角度界定国家形象，但是都认为国家形象不仅源于“自我”的言说，还包括“他者”的塑造，它以特定的信息符号作为载体，通过媒介进行输出，从而形成国际受众对本土国家的认知与评价，并以此为镜像影响本土国家对自身的认定。建构良好的国家形象，对于提升国家地位、促进国家发展、维护国家安全、增强综合国力和国际竞争力具有重要意义。

但遗憾的是，目前中国在国际社会的国家形象整体与中国经济实力、政治地位、国际影响力不匹配。到目前为止，中国的国家形象呈现双重特征。一方面，中国文化光辉灿烂，源远流长，被视为“世界文明发源地之一”，对周边不少国家的民族文化有着较大的影响。改革开放后，中国的经济发展迅猛，不断增强与世界各国的交流，积极参与国际事务，主动承担相应的国际责任，展现“负责任大国”的国家形象，赢得了世界的尊重。另一方面，西方国家无端诋毁和污名化中国，从“中国崩溃论”到“中国威胁论”，再到后来的“中国责任论”，在香港、新疆、民主、人权等议题上频频向中国发难，使外国受众误解中国，一定程度上扭曲了中国的国际形象，损害了我国国家形象的建立与国家发展。正如《镜头里的中国》的片头，来自英国的电影导演柯文思（Malcolm Clarke）说：“我经常阅读《纽约时报》，我发现有关中国的报道变得越来越负面。”造成这种局面的原因是多方面的，最主要的原因是西方国家在国际上占据话语主导地位，通过其媒体霸权，对中国的社会矛盾有意夸大或歪曲，进行负面报道。

2021 年 5 月 31 日，习近平总书记在中共中央政治局第三十次集体学习时强调指出，讲好中国故事，传播好中国声音，展示真实、立体、全面的中国，是加强我国国际传播能力建设的重要任务。要深刻认识新形势下加强和改进国际传播工作的重要性和必要性，下大气力加强国际传播能力建设，形成同我国综合国力和国际地位相匹配的国际话语权，为我国改革发展稳定营造有利外部舆论环境，为推动构建人类命运共同体作出积极贡献。学界业界一直在研究和实践通过国际传播构建与中国经济实力、政治地位、国际影响力相匹配的，展示其价值观念、政治制度和民族文化的真实立体全面形象。在日趋复杂的国际形势面前，建构积极正面的国家形象，着力提高国际传播影响力、中华文化感召力、中国形象亲和力、中国话语说服力、国际舆论引导力是当代中国亟待解决的重要课题。

随着信息全球化的发展，国家形象宣传片已经成为一种有效展现国家形象的重要方式，是让世界更加深入地理解本国的社会形态与文化精神最为直观和直接的渠道。因此，很多国家将其作为展示国家经济文化社会的重要窗口，以赢得世界的认可和尊重。多年来的实践证明，中国国家形象宣传片是塑造国家形象、提升国家软实力和增强国际话语权重要而有效的手段之一。

1.1　概念界定与研究现状

1.1.1　国家形象宣传片的起源和概念界定

国家形象宣传片（以下简称宣传片）是直观展示国家形象的符号，以国家为主导，采用宣传片的方式塑造一国的国家形象，其雏形来自美国克里尔委员会 20 世纪初拍摄的国家宣传片。此宣传片标志美国公共关系业的诞生，表明宣传片是政治和媒体结合的产物，是一种政治传播的媒介样态。最早的宣传片可追溯至苏联在“新经济政策”和之后五年计划期间制作的黑白纪录短片——《苏联新貌》，成功树立苏维埃工业化的新形象，在国际社会产生广泛的影响。把宣传片搬上荧屏则始于1966年的日本在东京奥运会上播放30秒的电视广告："现代化的东京迎接现代化的奥运。"它成功塑造了从废墟中崛起、重新进入现代化行列的新东京。随着传播技术的发展、传播理念的创新和传播形式的多元化，各个国家意识到宣传片的重要性，纷纷拍摄制作本国的宣传片。

国家形象宣传片是一种传播民族文化，树立国家形象的艺术样态，一般由政府主导，以本国的政治、经济、文化、历史等为素材，依托影像技术和手段，从而达到塑造国家形象，传播民族文化的目的（侯洪，2014：96）。它是全球化时代的产物，是对全球化的回应，其制作目的就是为了促进不同文化背景的受众了解本国，塑造国际新形象，提升自身软实力。宣传片有广义与狭义之分。从狭义的角度出发，它通过具有代表性的视听符号，以一个国家的政治、经济、文化、历史、教育等领域为素材，运用剪辑和音效等多种手段突出其国家和民族特点，树立国家形象，传播民族文化，是一种介于电视广告和电视专题片之间的作品样式。按照表现形式，它主要有三种，分别是主题导向型、旅游推介型和全景综述型（杨海明、王洪华、张正芸等，1993：735）。从广义的角度出发，专题片、纪录片和MTV因其属性、传播目的和表现形式与狭义的宣传片一致，也可划入国家形象宣传片的范畴。本书研究的中国国家形象宣传片是指广义上的宣传片。

1.1.2 中国国家形象宣传片的发展

中华人民共和国成立后，较早反映中国的国家形象并且在世界范围内影响较大的宣传片，是1972年意大利电影大师米开朗基罗·安东尼奥尼（Michelangelo Antonioni）拍摄的《中国》（*China*）和 1975 年荷兰著名导演尤里斯·伊文思（Joris Ivens）完成的纪录片《愚公移山》（*Comment Yukong déplaça les montagnes*）。这两部纪录片为世界了解陌生封闭的中国打开了一扇窗。改革开放后，中国和国外的电视机构合作，拍摄了多部风格迥异的大型纪录片，为世界进一步了解探究中国提供了重要的途径。1980 年，中日合拍《丝绸之路》（シルクロード），在国内外引起很大的反响，又合作拍摄《话说长江》（1983）和《望长城》（1991）。21 世纪，中国和英国 BBC 合拍 6 集大型纪录片《美丽中国》（*Wild China*）。而真正意义上的中国国家形象宣传片（以下简称中国宣传片）是 2009 年中国商务部推出的主题导向型宣传片——《中国制造，世界合作》，为中国产品正名。其后，不同类型的中国宣传片相继亮相。《中国国家形象片——人物篇》（2011，以下简称《人物篇》）、《中国国家形象片——角度篇》（2011，以下简称《角度篇》）、《文化中国》（2012）、《金砖之国》（2012）、《国脉》（2013）、《不同方式游中国》（2015）、《中国共产党与你一起在路上》（2015）、《我是中国共产党　始终和你在一起》（2016）、《今天我们这样爱国》（2016）、《中国进入新时代》（2017）、《一分钟》（2018）、《PRC》（2023）等相继亮相。新中国成立 70 多年来，中国宣传片在不同时期，通过“他拍”“合拍”或者“自拍”的方式，从社会现实、历史、自然、人文等不同角度向外展现国家特点和民族特色，传播本国文化，树立国家在国际社会中的形象。同时，中国宣传片也是国家探索对外传播的有益尝试，展现国家“软实力”的另一渠道。

回顾中国宣传片的发展历史，可以清晰看到，21 世纪之前，我国还没有意识到宣传片的重要性，对“文化软实力”的重要性认识不足，同时以美国为首的西方国家掌握着国际话语权，导致发展中国家在国际社会发声的机会比较少，因此国家形象主要以他塑为主。随着改革开放的推进，中国在国际政治舞台上日渐活跃，2001 年加入世界贸易组织，同年上海成功召开 APEC 会议，2008 年北京成功举办第 29 届夏季奥运会，2010 年世界博览会在上海开幕，同年广州亚运会胜利召开。这些国际大事让我们逐渐认识到“软实力”的重要性，为我国宣传片的拍摄增添了无形的动力。2009 年美国有线电视新闻网（CNN）播放了《中国制造，世界合作》的宣传片。这是中国政府的首个宣传活动，标志着我国的国家形象塑造意识由被动转为主动，同时标志着我国宣传片开始由“被动提供”转向“主动投放”阶段。随后，中国紧锣密鼓，拍摄了不同主题的宣传片，宣传片进入了快速发展阶段。随着宣传理念的调整、宣传片制作经验的积累、拍摄技术和传播平台的发展，我国宣传片在叙事角度、表现手法、传播方式上不断调整，不断进步，对外讲好中国故事。同时宣传片的对外传播效果越来越好，外国受众对宣传片的接受度越来越高，对于提升中国的国际话语权，对于塑造可亲、可信、可敬的中国形象起了很大的推动作用。

1.1.3 中国国家形象宣传片的研究现状

随着公共外交在中国的兴起和我国打造国家软实力战略规划的实施，国家形象宣传片这一媒介类型的本体及其国际传播的研究受到学者的关注。尤其是《人物篇》《角度篇》在美国媒体投放后，宣传片的研究已成为社会科学界和新闻传播领域研究的热门话题之一，其研究成果主要包括以下几个方面：姜荣文（2012）、张颖（2012）等就宣传片的制作展开探讨，邱凌（2011）、侯洪（2014）、王阿妮（2017）等从宣传片的传播展开研究，葛明驷、何志武（2014），李梅（2015）等解析宣传片的叙事方式，潘艳艳、张辉（2013），曾广、梁晓波（2017），赵玉倩（2020）等从多模态角度分析宣传片的话语，熊皇（2017）、谭时康（2019）等从符号学角度解读宣传片[1]。

总体来说，目前中国宣传片的研究呈现出以下两个特点。第一，“传播性”是这类研究的主要切入点，体现在研究的“向内转”倾向：研究内容主要围绕宣传片其本质是国家广告这个特点，以制作、创作、叙事、塑造、话语、修辞、传播等为关键词，同影像制作、传播学、符号学、叙事学、话语分析和修辞等相关理论结合，梳理研究对象的知识脉络。第二，“文化性”是这类研究的另一切入点，体现在研究的“向外扩”倾向：研究内容主要以意识形态、政治体制、语境、媒体、跨文化等为关键词，试图从制约宣传片制作和传播的外围机制寻求新的学术增长点，搭建学术论述的框架。

1.2　研究内容与研究思路

本书从多模态的理论出发，结合一些传播学理论，以中华人民

1　请参阅以下文献：姜荣文《全球语境国家形象片的制作与传播》（浙江大学硕士论文，2012年）；张颖《论国家形象宣传片的创作与传播——以〈中国制造〉〈中国国家形象宣传片——人物篇〉为例》（苏州大学硕士论文，2012年）；邱凌《国家形象宣传片的跨文化传播策略》，载于《现代传播》（2011年第12期）；侯洪《国家形象宣传片的界说、发展策略及国际传播》，载于《四川大学学报（哲学社会科学版）》（2014年第1期）；王阿妮《新生态下国家形象片的传播策略》，载于《青年记者》（2017年第20期）；葛明驷、何志武《国家形象片建构对内有效认同的叙事分析：基于对〈角度篇〉3年网民评论的分析》，载于《中国出版》（2014年第14期）；李梅《宏大与细小——谈新媒介环境下国家形象片叙事方式转变》，载于《中国出版》（2015年第4期）；潘艳艳、张辉《多模态语篇的认知机制研究：以〈中国国家形象片·角度篇〉为例》，载于《外语研究》（2013年第1期）；曾广、梁晓波《国家形象的多模态隐喻建构——以中国国家形象片〈角度篇〉为例》，载于《外语教育研究》（2017年第2期）；赵玉倩《多模态外交隐喻框架下中国国家形象建构与传播研究——以大型政论纪录片〈大国外交〉为例》，载于《山东外语教学》（2020年第3期）；熊皇《符号学视域下国家形象宣传片传播策略分析——以〈中国进入新时代〉为例》，载于《当代电视》（2017年第12期）；谭时康《〈中国进入新时代〉的符号学解读》，载于《青年记者》（2019年第26期）。

共和国成立以来的国家宣传片为研究对象，研究它们的多模态话语特点，解说词的翻译以及对外传播表达。研究的重点放在探讨中国宣传片的多模态话语特点，具体从话语的语言模态、图像模态、声音模态、语篇、多模态修辞和意向六个维度出发，并试图从以下四个方面阐释它们是如何互相作用，合力构建中国国家形象的。第一，宣传片的多模态话语分析框架：根据前人的理论研究成果，初步构建一个适合宣传片的多模态话语分析框架。第二，宣传片的多模态话语特点以及构建的国家形象：利用多模态话语分析框架分析不同时期的宣传片，从不同角度分析这些宣传片的话语特点以及构建的国家形象，解析它们对外传播的得失，从而为更好地从多模态角度制作国家宣传片提供参考。第三，宣传片的多模态翻译：利用多模态相关理论、翻译方法和传播特点探讨“他塑”宣传片的英译中和“自塑”宣传片的中译英的方法和策略。第四，宣传片的对外传播：分析自 2009 年以来，“自塑”的中国宣传片的对外传播效果，解析其遇到的挑战和困难，以寻求提升对外话语权的有效途径。

本书首先将 1949 年后广义上的宣传片按照其发展态势，分为四个阶段，从每个阶段分别选取 1 个有代表性的宣传片进行多模态话语分析。对宣传片的多模态话语分析研究要从立体的，多层级的角度进行，因此运用张德禄提出的多模态话语分析综合框架，分别从文化、语境、内容和表达层面分析宣传片的相关背景和内容，运用多模态修辞（主要是多模态隐转喻）分析宣传片中的修辞。本书将在对语言模态、图像模态和声音模态作为主模态进行分析的基础上探讨三者之间的关系以及多模态话语的特征。然后，利用多模态翻译理论分析宣传片的语言转换问题，分别从“他塑”宣传片的英译中和“自塑”宣传片的中译英两个方面探讨宣传片在传播过程中的语言转换。最后，从“自塑”宣传片对外传播的效果分析，解读中国在国家形象塑造方面的不足，解析其对外传播过程中遇到的障碍，并探索可行的解决方案，来提高中国的国际话语权。具体研究思路见图 1–1。

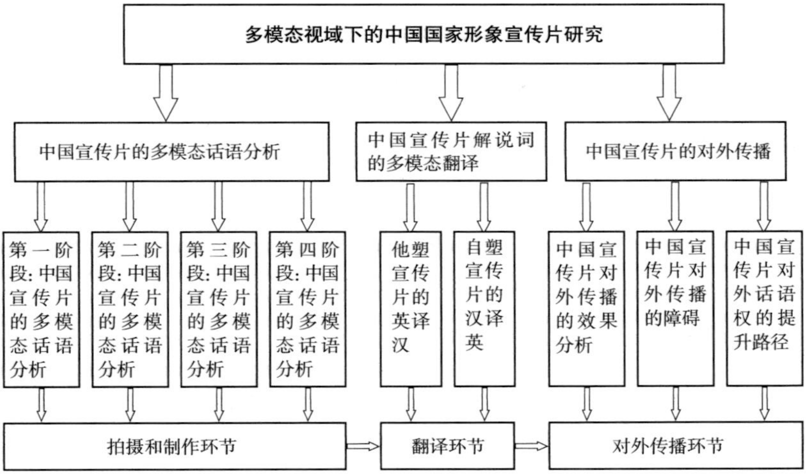

图 1–1　多模态视域下的中国国家形象宣传片研究思路

本研究的重点是根据多模态理论，构建分析框架，分析中华人民共和国成立以来国家宣传片的多模态话语特点。从拍摄和制作环节，纵向分析比较研究不同阶段宣传片的多模态话语和多模态修辞特点，探讨其构建的国家形象，并得到我国国家形象对外传播的启示；从翻译环节的他塑和自塑两个角度看待宣传片解说词的多模态翻译，学会利用多模态翻译策略，发挥译者主体性，对内要纠正或者削弱他者塑造的负面形象，对外要讲好中国故事，建立良好国家形象；从对外传播环节看待中国近 15 年自拍宣传片的国际传播效果，寻求导致其传播效果不尽如人意的局面的因素，分析宣传片对外传播过程中碰到的障碍和困难，探寻提升宣传片国际话语权的有效途径。

本研究的难点体现在以下三个方面。一是试图运用多模态话语分析理论研究宣传片，那么落实到具体的操作层面，该从哪些角度展开话语分析呢，这个问题涉及本研究写作的可行性。二是近年来，宣传片的研究成果比较丰富，如何突破现有研究的束缚，如何体现本研究与其他同类研究的不同，这些问题涉及本选题的价值与创新性。三是对宣传片话语的解读，涉及对语言、符号、传播和公共关系等各个要素的把握，涉及不同角度，不同时期拍摄的宣传片，涉及语言学、传播学、语言技术、符号学等专业知识。如何从跨学科跨文化的视角研究宣传片，如何解决其创作与全球语境的复杂关系，如何利用史料与理论阐释宣传片的多模态话语，这些对研究者来说都是一种学术历练。

笔者认为，宣传片是典型的多模态语篇，通过文字、图像、声音等不同模态的相互作用构建形象，借助多模态隐转喻的修辞手法帮助受众通过具体的事物或者事件理解抽象的概念和事件，理解其构建的国家形象。但是受众对此的解读受到自身因素如文化背景、刻板印象，宣传片制作方式如叙事方式、模态间关系和解说词翻译等三方面的影响，因此需要针对宣传片的拍摄制作、翻译、对外传播三个环节展开研究，为未来的宣传片的制作与对外传播助力。

本书首先富于创新性地从纵向角度研究我国宣传片 70 余年的发展状况，从多模态角度分析各个阶段宣传片的拍摄制作方式，构建的形象及其对外传播的效果，以勾勒出国家形象的变迁，总结宣传片对外传播的经验和障碍，启迪新时代的国家形象构建和对外传播。然后，从横向角度研究宣传片所涉及的环节，从多模态角度分析宣传片的拍摄制作、翻译、对外传播三个环节，以从整体把握宣传片的发展脉搏。同时，多视角的审视，全方位的探讨，得出的结论更具有信服力。

本书通过微观研究与宏观研究相结合，对宣传片的各个系统要素的话语展开细致的分析，涵盖拍摄制作、翻译和对外传播整个流程，兼顾系统的整体考察与个案分析，从各个角度展示其话语风貌。分别选取宣传片发展的四个阶段的 1 个有代表性的宣传片进行多模态话语分析，分析其构建的国家形象及其对外传播启示，有助于了解该阶段宣传片各方面的状况，进而对其有更加全面和深入的认识，有利于客观、深入、准确地把握该阶段宣传片拍摄制作和对外传播带来的经验和教训，助力于新时代宣传片的发展。同时，运用认知语言学、符号学、修辞学、传播学、社会学、心理学、语言技术等多学科相关理论来多方位、多角度研究宣传片话语。

目前学术界很少有学者从纵向角度研究新中国成立以来宣传片的发展变化。他们大多关注 2011 年之后的宣传片，主要研究视角为跨文化传播、话语修辞、国家形象构建等，比较少涉及 21 世纪之前的宣传片，而本书旨在通过研究 70 多年来中国宣传片的话语图像及其构建的国家形象变迁，描绘中国的发展变化。同时，学术界很少有学者同时研究宣传片的拍摄制作、翻译和对外传播三个环节，大多选择其中一个环节进行探讨，而本书旨在通过研究宣传片的各个环节，审视宣传片的多模态本质，重新认识其对国家形象的建构作用，同时加深对宣传片的认知与理解，助力新时代宣传片的发展，以期提升我国的国际话语权。另一方面，本书是从多模态角度解析宣传片的拍摄制作、翻译和对外传播三个环节，全方位揭示中国宣传片话语的特征，回归宣传片语言图像传播的本质；从文化、语境、内容和表达层面分析宣传片的相关背景和内容，进而分析宣传片构建的国家形象，能够为研究现阶段所采用的国家形象构建和传播策略提供一个新的角度，对了解其效果提供了十分有利的途径，可为国内跨国企业形象的塑造和各地城市形象片的制作传播提供参考，具有很强的现实意义。

第 2 章　多模态话语分析

2.1 多模态话语分析的理论基础

多模态话语分析的理论基础是社会符号学，主要源自澳大利亚系统功能语言学家韩礼德（M. A. K. Halliday）的“语言是社会符号学”的观点。社会符号学是符号学的一个分支，是融符号学、语言学与社会学于一身的交叉学科，主要是研究具体的社会和文化环境中的人类有意义的实践，解释意义是如何在社会实践中生成的（张德禄，2010：5），即社会符号学关注符号本身与符号外部环境的互动关系。社会符号学的发展，使符号学的研究重点从符号的内在特征转为符号在社会实践和交际的功能上来，发展扩大了符号学的研究范畴。

韩礼德于1978年出版的著作《作为社会符号的语言：从社会角度诠释语言与意义》（*Language as Social Semiotic: The Social Interpretation of Language and Meaning*）奠定了其系统功能语言学理论。他（M. A. K. Halliday, 1978：2—4）认为，“语言是构成文化的一种符号系统”，“语言通过参照它在社会过程中所处的位置解读其意义”。语言的意义不是来自语言的内部，而是由外部决定的，即语言是在一定的文化背景中表达意义的符号系统，是社会文化的产物，所以我们要根据社会语境去解读语言所包含的意义。不过，韩礼德虽然强调语言在社会交际过程中起着重要作用，他同时指出，除了语言，还有很多其他的方式可以表达意义，“像绘画、雕塑、音乐、舞蹈等，还有其他艺术范畴之外的文化行为，比如交流方式、衣着打扮、家庭结构等”（M. A. K. Halliday & R. Hasan, 1985: 2）都能传达意义，进一步拓宽了意义的表现形式。

韩礼德把语言符号的理解和研究扩展到具体社会语境中的语篇（text）或话语（discourse）中，并认为话语的意义受到多种因素的影响，除了语境，符号规则、系统、语域、社会结构等都会影响话语的意义。这些外在社会因素使得话语具有三大元功能，即概念功能、人际功能和语篇功能，语言通过语篇功能与语境发生联系，而语言的概念功能和人际功能则要借助语篇功能才能实现。因此，话语通过三大元功能表达意义潜势，而我们可以借助分析话语的三大元功能来推断出话语在特定语境下的含义。这种系统功能语言学理论开创了以话语为中心的分析模式。韩礼德进一步提出了语篇 / 话语与社会语境模式，在这个模式中，语篇表示任何“意义的社会交流”（M. A. K. Halliday, 1985: 11）或者行为沟通，同时体现三大元功能：语篇体现经验模式和他们之间的逻辑关系（概念意义），语篇传达情感和态度并建立社会关系（人际意义），语篇将融合概念意义和人际意义的文字组成一个衔接连贯的语义单位（语篇意义）。

根据韩礼德的系统功能语言学，语言体现的概念意义、人际意义和语篇意义被视为一个系统网络（system networks），即语言是由意义相关联的主系统与子系统组成的系统网络。系统功能语言学对意义的关注，把文化定义为“文化是一组符号系统，一组相互关联的意义系统”（M. A. K. Halliday, 1985: 4），以及揭示的语篇与语境之间的动态关系促进了社会符号学理论在语言之外的扩展，推动了多模态话语分析的发展。朝着这个方向迈出第一步的是霍奇和克莱斯（B. Hodge & G. R. Kress, 1988）提出的社会符号学理论，其把研究对象从语言推进到话语层面。该理论认为社会符号学主要研究人类所有的符号活动与符号体，认可各种形式和跨越不同制度环境的交流，并指出："语篇和语境，意义的媒介和客体（agents and objects of meaning），社会结构和力量以及它们组成的复杂关系共同构成了最小的、不可简化的符号学分析对象。"（B. Hodge & G. R. Kress, 1988: viii）他们认为这些符号活动是一种社会现象，在条件和内容方面具有本质的社会属性，因而和社会意义相关。而社会意义就是通过整个系统、系列的符号形式，凭借符号文本和符号实践，在人类历史所有阶段的所有社会中建构起来。因此，社会符号学的基本任务就是探究在这些社会符号活动的过程中，各类符号使用者所使用的所有符号形式中的意义生产和再生产、接受和传播的操作与效果。

多模态社会符号学派继承了霍奇和克莱斯的社会政治取向，并将一些原则理论化（例如，框架、显著性、风格、体裁）用于解析不同的模态及模态间的交互作用，探讨多模态意义建构如何反映人们的话语意向，对符号资源的不同配置，以及符号学的实践规范（例如，像办公软件之类的内置于技术的意义构建的规则）（G. R. Kress, 2010; G. R. Kress & T. van Leeuwen, 2001; T. van Leeuwen, 2005），把以话语为主导的社会符号学模式进一步推进到非言语符号领域，例如图像、雕塑、图书、视频、音乐等，从而实现话语分析的多模态转向。引领这一趋势的是克莱斯和凡・莱文（G. R. Kress & T. van Leeuwen, 1996）的《阅读图像：视觉设计的语法》（*Reading Images: The Grammar of Visual Design*），该书围绕框架这一核心概念，探索视觉语篇中模态、框架与意义构成之间的相互关系，为后来的多模态符号学奠定了理论基础。

2.2 多模态话语分析的发展

1952 年，美国结构主义语言学家哈里斯（Zelling Sabbettai Harris）提出话语分析这一概念（discourse analysis）之后就引起了广大学者们的关注。所谓话语，是指构造单位相当于句子或大于句子的语言，是运用中的语言，是一种语言起着核心作用的社会实践形式（D. Cameron & I. Panovic, 2014: 1）。因此，许多语言学家开始把研究的重点从句子转向会话（conversation）、书面文本（written texts）和社交媒体文本，并提出了各种各样的话语分析理论和方法。然而，大多数对话语分析的研究仅仅局限于语言本身，即只注意人们如何在社会政治生活、文化等中使用语言系统和语义结构及其与社会文化和心理认知之间的关系，忽视了诸如图像、声音、颜色、动漫等其他意义表现形式。这就使得话语分析带有较大的局限性（C. Forceville & E. Urios-Aparisi, 2009: 24）。

在话语分析理论如火如荼的发展过程中，语言学家发现单纯从语言的角度已经不能对话语进行深入全面的分析和研究，因为话语意义中的一大部分是由非语言因素体现的。比如，分析像媒体文本此类比较复杂的文本时，他们除了要分析文字的意义构建，还要辨别照片、图表等在文本意义构建中起的作用。1977 年，法国语言学家罗兰·巴特（Roland Barthes）出版了《图像的修辞》（*The Retoric of the Image*），指出图像在意义表达上与语言起着相互作用（R. Barthes, 1997：87），开启了多模态话语分析的先河。1994 年，欧图尔（M. O'Toole, 1994）出版了《展示艺术的语言》（*The Language of Displayed Art*）一书，探讨了绘画、雕塑和建筑视觉艺术的语法，是多模态领域的开创性作品。两年后，克莱斯和凡·莱文（G. R. Kress & T. van Leeuwen, 1996）出版了《阅读图像：视觉设计的语法》一书，将韩礼德的系统功能语法的三个元功能延伸到视觉图像的分析中，创建了以再现意义、互动意义和构图意义为核心的视觉语法。这两本书的出版引发了国际语言学界对多模态话语研究的热潮，并朝着两个相互依存的方向展开研究。一个方向主要是追溯符号学的发展历史，探究像声音、动作 / 手势、空间、排版之类的个体符号独特的意义构建潜力；另一个方向主要是聚焦特定情境下多模态话语中不同符号之间互动的理论研究和实践分析，两个方向的研究成果互为借鉴，推动多模态话语研究的进一步发展。

语言学家们用多模态话语分析指称文本分析过程中涉及多种模态的话语分析。模态的概念在任何多模态研究中都是极其重要的，但是何谓模态，不同的学者对此有不同的理解。克莱斯和凡·莱文（G. R. Kress & T. van Leeuwen, 2001: 21—22）认为，模态是同步实现话语和交流类别的符号资源（semiotic resource）。这种模态定义跟符号资源的概念密切相关，因为符号资源是“我们用于交流的动作、材料和物品：来自生理层面的形式，如我们的发声器官，面部表情和手势，来自技术层面的形式，如笔和墨水，或计算机硬件和软件，以及组织这些资源的方式”（T. van Leeuwen, 2005: 285）。朱伊特（Jewitt, 2004: 184）认为，模态指任何有组织、有规律的表现和交流方式，如静止的图像、手势、姿势、言语、音乐、文字或者这些元素的新的构造形式。诺里斯（S. Norris, 2004: 152）认为，模态是符号资源，是一种开放、启发式的概念，在不同情境下有不同的定义，如印刷模态既可以被划分为图像模态和书写模态，也可以被划分为一系列其他同样正确的交流模态。虽然对于“模态”的定义见仁见智，但是学界普遍认为主客体间用于交流的渠道和中介物都可视为模态，包括语言文字、图像、音乐、手势等。与传统话语分析只注重语言文字的使用不同，多模态话语分析可对包括文字、图像、声音、颜色、身势语等不同形态话语符号进行解读，因而能够广泛地应用于政治、艺术、教育等领域的话语研究，吸引一些学者、艺术家和教育家投身于多模态话语分析的相关研究。

琼斯（R. H. Jones, 2012）在《话语分析：学生参考书》（*Discourse Analysis: A Resource Book for Students*）指出，不同的模态相互作用，共同构建文本意义，比如，在面对面的交流过程中，人们不仅通过口头语言，还通过他们的手势、目光、面部表情、身姿、服饰、身体距离的远近等多种模态进行意义的潜势。现在的书面文本很少只由文字组成，通常还包括图片，图表，甚至有的时候，段落使用的字体或者编排的方式都是意义的组成部分。克莱斯和凡·莱文（G. R. Kress & T. van Leeuwen, 2006: 19）认为："视觉结构（图像、文字、颜色等）像语言结构一样，也能阐释特定经历和社会互动形式。在某种程度上，视觉结构所传达的意义也可以用语言来表达，而意义属于文化，不限定于特定的符号模式；而文化和历史会影响映射意义的符号模式，例如，有些意义可以通过视觉或语言表达，有些意义只能通过视觉表达，而有些意义只能通过文字表达。"多模态话语分析的重要意义在于关注不同的模态如何共同作用构建语篇的意义，把话语分析从语言的社会符号研究发展到图像、声音、颜色、动作、构图等多种模态语篇的高度，极大扩宽了话语研究的范围，在今天的社会大有可为。多模态话语分析一般可以分为两类：一类主要聚焦像杂志、动漫、网页、电影、艺术品之类的文本；另一类主要关注社会互动的活动，比如师生话语，医患沟通等。因此，学者们对于大众媒介文本和各种社会互动实践的分析都是多模态话语分析。

新媒体时代，人们的日常生活充满了各种社交媒体，这些社交媒体文本的各种模态共同作用，以某种意识形态影响人们去观看收听文本，向人们传递特定信息。语言学家意识到单纯从模态或者互动的角度无法全面揭示文本的信息，需要结合批评话语分析，才能揭示社会、政治、经济、性别、种族等因素对多模态话语意义的影响。因此，凡·莱文（T. van Leeuwen, 2012）提出对多模态话语要有“批评”性，以揭示多模态话语中隐含的意识形态意义和权力关系，开始了多模态话语的“批评分析”转向。大卫·梅钦（D. Machin, 2013, 2016）则直接提出“多模态批评话语分析”（Multimodal Critical Discourse Analysis）这一概念，尝试在多模态话语分析的实践中体现“批评”的含义，通过对游戏、音乐、建筑、图像、影像、颜色、版面这些多模态话语进行批评分析，揭示权力关系及意识形态通过娱乐、休闲、玩耍等人们喜闻乐见的交流形式被认可和接受。

我们处在日新月异的社会，话语的形式和传播方式越来越多样，需要语言学家们从多学科多视角来进行研究。随着认知语言学的发展，语言学家结合社会符号学分析和认知语言学理论，从多模态认知批评分析视角分析多模态话语：从功能层面揭示多模态话语的社会性；从认知层面，注重隐喻和转喻这两个人类认知现象、话语世界、心智等方面的研究和阐释（潘艳艳，2020：39）。不过，这两类的研究成果不多，目前都还处在起步阶段，有待研究者们深入探索。

2.3　多模态研究的主要方法

朱伊特（C. Jewitt, 2009: 36）区分了多模态研究的三个视角：社会符号学分析、系统功能语法分析和社会互动分析。这三种研究视角都提供了特定的分析工具，但是它们都属于社会功能分析，都是从系统功能语言学派生出来的，只是对基本理论、对语境的重视程度，模态之间的相互关系，和对符号意义的关注程度上略有差别。因此，多模态社会符号学对社会语境下的符号所表示的意义更感兴趣，系统功能多模态话语分析更关注系统网络中的符号资源，而多模态互动分析聚焦社会参与者之间的互动。

多模态社会符号学基于韩礼德的社会符号学和系统功能语言学，进一步探索在社会环境中发生的一切社会活动的意义建构过程，其中特别关注不同模态或符号资源在意义构建中的作用以及社会语境在其中所表达的意义。因此，多模态社会符号学重点研究人们如何在特定的社会语境下选择符号以达到话语的目的。换句话说，多模态社会符号学对作家或者演讲者如何在社会语境中通过使用多种模态来表达意义感兴趣。伊莉莎贝塔·阿达米（E. Adami, 2017: 455）总结了多模态社会符号学的主要目的：社会符号学认为选择符号表达意义体现了社会过程；社会符号学通过对较小的语篇样本进行细致的定性分析，揭示了语篇传递的意识形态、社会价值观、权力角色和身份，以及个人如何通过他们的符号选择来维护、加强、竞争和调整这些意识形态、社会价值观、权力角色和身份。

系统功能多模态话语分析的理论来源主要是韩礼德的系统功能语言学，因此主要关注语言作为一种符号，跟其他符号资源组合的结果的研究，尤其注重符号资源的模型，符号资源如何相互作用以传达意义以及意义如何通过再符号化过程发生变化的研究（R. Iedema, 2003）。在系统功能多模态话语分析中，语言模态似乎优先于其他模态，在某种程度上，语言模态是出发点，然后结合其他模态进行研究。简而言之，系统功能多模态话语分析通常对部分语篇（任何能够表达意义的话语可视为语篇）进行全面细致的分析来发展阐释符号资源工作的理论和框架。

多模态互动分析是以施康隆（Ron Scollon）的中介话语分析理论为基础，围绕中介行动的概念展开的。中介话语分析理论认为语言是社会行为，把“话语即行为”推动到“行动中的话语”，提出话语必须从人们从事的、基于语境的社会行为视角进行研究（唐青叶、李青，2015：36）。因此，分析者一般以旁观者的身份分析社会参与者，即说话者的行为。诺里斯将这种分析模式应用于多模态交流的研究，于 2004 年出版了著作《多模态互动分析：一个方法框架》（*Analyzing Multimodal Interaction: A Methodological Framework*），构建了多模态互动分析的基本框架，然后在 2011 年和 2014 年又进一步从理论方法和实践应用方面完善多模态互动分析模式。多模态互动分析以中介活动为基本分析单位，认为多种模态在实际交流过程一同作用，语言只是其中的一种模态。多模态互动分析属于整体分析，采用“模态密度前景——背景连续体”（S. Norris, 2004: 111, 79−88）的分析框架，包括八大要素：活动、注意度或意识度、手段、介入点、模态、模态密度、模态结构配置和媒介。多模态互动分析认为互动是通过言语、距离、坐姿、身体姿势、头部动作、眼神、音乐、印刷品、场景布局等模态的各种协同使用来进行的（张德禄、王正，2016：56）。每种模态都是一套符号系统，有其发展的过程（起点—持续—结束），因此可以分别观察并进行描述。从这个分析框架可知，多模态互动分析关注的是社会行为者如何在特定情境中互动，即演员的作品可以说明一切（C. Jewitt, 2009: 33）。

随着科学技术的发展，语料库语言学得到了飞速发展，也给其他的语言研究领域带来了新的研究工具和路径。意大利语言学家安东尼·鲍德里等人（A. Baldry & P. J. Thibault, 2006）将语料库的研究方法应用到多模态话语分析中，提出了“多模态语料库语言学”这一交叉学科。多模态语料库语言学旨在利用各种数据采集手段和技术采集多模态互动的数据，力求贴近充盈全息状态，即贴近现场即席话语，通过语料转写、切分、标注、建立多模态语料库，便于研究者系统地研究语言的诸多话题，如语言模态和非语言模态之间的相互作用。多模态语料库是指音频、视频和文字语料等多种信息集成，研究者可以通过多模态方式加工、检索和统计进行相关研究的语料库（黄立鹤，2015：1）。国外建有各种类型的多模态语料库，比较有名的有 ISLE、HUMAINE、SIMILAR、CHIL、AMI、VACE、CALLAS 等（J. C. Martin et al. 2008: 253），语料来源广泛，涉及电视新闻、会议、讨论、讲座、人机对话、课堂教学、婴儿话语及行为、游戏过程、患者诊治等内容，既可以用于研究多模态互动中的话语特点、手势、表情、情感等特征以及它们之间的关系，为多模态话语研究提供一个全新的视角，也可以用于智能机器人的研发、教学研究、特殊人群语言研究、某些疾病的自动诊断及康复等专门领域的研究，具有广阔的商业前景。

2.4 多模态修辞

自从罗兰·巴特出版《图像的修辞》，一些学者开始研究把演讲 / 写作的修辞应用到含有图像的语篇，其研究重点是证明多模态语篇不是单独使用文字和图像的修辞就行，而是需要多模态修辞。多模态修辞是指通过几种模态的战略性结合，实施修辞行为，实现其语篇结构和功能。

根据贝特曼（J. A. Bateman, 2014: 119－136）的研究，修辞理论对多模态研究的影响主要有以下三个方面。一是修辞结构。语言学家早些时候通过对演讲修辞的研究构建跨越体裁的文本结构和连贯性的模型，其主要研究成果就是，语义相连的不同语篇部分通过像因果或方法—结果之类的结构构成了语篇的整体意义。威廉·曼恩

（William Mann）和桑德拉·汤普森（Sandra Thompson）将这种结构称为逻辑语义命题关系，建立修辞结构理论（Rhetorical Structure Theory，RST）。随着语言学家发现图像、音乐等其他模态同样能表达修辞，他们就用修辞结构理论来阐释不同模态之间的关系。德林和贝特曼（J. Delin & J. A. Bateman, 2002）发现，当分析对象延展至多模态语篇时，基本分析单位由小句拓展为独立的多模态元素，会产生新的修辞关系及修辞结构。黄立鹤等（2021）基于修辞结构理论，对老年产品广告语篇进行多模态分析，考察广告语篇呈现的老年身份构建规律，揭示了老年产品广告修辞中“情感诱发—理解加深—产品购买—身份建构”的修辞路径。RST 模型论证结构及其说服力在多模态领域的巨大潜力还等待继续探索。二是修辞手法。作为核心的修辞手段之一，隐喻不仅可以用语言和图像单独表达，也可以通过语言和图像的组合来表达，多模态修辞手段概念的提出就体现了修辞手段的移位和共建特性（J. A. Bateman, 2014: 127－135），表明固有的思维和形式可以在话语中被创造性地操纵。关于多模态修辞手段的研究，学界研究最多的是多模态隐喻，著作颇丰。根据查尔斯·福塞维尔（Charles Forceville）提出的理论框架，研究范围涵盖了广告、动漫、政治讽刺画、音乐、电影、口语和手势语等多种语类，形成了成熟的多模态隐喻理论。在此研究基础上，对多模态转喻的研究逐渐深入。目前，多模态修辞研究的难点在于不同模态的相互作用如何体现出修辞手段以及修辞手段如何提升语篇的论证和说服力。三是理据。修辞的目的是使意思表达得更为准确，更为适切，其主要方式是通过选择最合适的符号手段并加以组合来达到最好的论证效果，因此，采用多模态手段论证是不可避免的，比如，演讲可以结合图片的展示使演讲内容更加具象，增添感染力。论据结构呈现的多模态性，其前提是模态包含命题内容并构成论证的中心要素（J. A. Bateman, 2018: 302－304），归根结底就是模态的选择和组合方式成为论据的组成部分，其塑造方式影响了潜在接受者的理性、情感和道德判断。阿斯玛奇斯·泽罗尼斯（A. Tseronis, 2021）基于2009—2019年间《经济学人》（*The Economist*）的封面，实证研究提出视觉上的修辞手法如隐喻、对立、典故引用等是论证的组成部分，明确不同的图像结构结合展示修辞手法的特定条件构建了封面的意义。贝特曼（J. A. Bateman, 2018: 307）将多模态和理据两个领域之间的任务描述为“多模态解释不同的模态如何以及以何种方式给理据带来相关的意义；而理据理论的任务是解释模态如何为理据服务”。泽罗尼斯的研究把修辞理论的两大基石：修辞手法和理据联系起来。

多模态修辞行为总是以目标为导向或以任务为基础，因此许多背景因素决定了其性质和结果，其中，媒介的材料技术 / 制度框架和文本类型似乎是最核心的因素。同时多模态修辞的可变性和有效性已成为当代交际文化的一部分，今后可通过研究不同媒介和体裁的多模态修辞来扩展多模态的研究范围。

目前，多模态隐喻和多模态转喻研究是多模态研究的热点之一。1980年，乔治·莱考夫和马克·约翰逊（G. Lakoff & M. Johnson, 1980: 7）两位学者在《我们赖以生存的隐喻》（*Metaphors We Live by*）中指出，“隐喻遍布于我们的语言、思想和行动中，人类借以思考和行动的概念系统建立在隐喻的基础上”，这颠覆了我们对于隐喻的认知。隐喻由源域和目标域组成，是从源域到目标域的映射，大致分为三类：结构隐喻、实体隐喻和方向隐喻。1996年，福塞维尔等（C. Forceville & Urios-Aparisi, 2009: 24）率先提出了图像隐喻理论，把原本限于语言研究范畴的隐喻扩展到图像、声音、音乐、手势等多模态研究领域，并于2009年在他和乌里奥斯–阿帕拉西（Urios-Aparisi）合编的论文集《多模态隐喻》中把多模态隐喻定义为“源域和目标域分别用或主要用不同模态呈现的隐喻”。福塞维尔（C. Forceville, 2006: 379−402）将模态与人的五种感觉联系起来，把模态分为五种类型，分别是视觉（图画）模态、听觉（音波）模态、触觉模态、嗅觉模态和味觉模态。事实上，在实际操作过程中，该定义较难把握，因此多模态隐喻有狭义和广义之分。源域和目标域分别用或主要用不同的模态来表征的隐喻是狭义上的定义，而由两种或多种模态共同构建的隐喻可以被认为是广义的多模态隐喻。一般情况下，文字模态会参与其中的一个概念域的构建。例如，源域和目标域通过文本和声音两种模态表征，或者源域缺失、目标域通过文本和声音模态构建，这种隐喻可视为广义的多模态隐喻。因宣传片的多模态性主要涉及文字（旁白和字幕）、图像（动态和静态图像）和声音（背景音乐）三种模态，故本书采用广义的多模态隐喻这一概念。

转喻是指同一个概念域中的“邻近”关系，首要功能便是指称，它也是一种普遍的语言现象和基本的思维模式。关于转喻的分类，不同学者持有不同的观点，但接受度最高的属于伊夫斯·皮尔斯曼（Yves Peirsman）和德尔克·吉拉兹（Dirk Geeraerts）的分类法。他们（Y. Peirsman & D. Geeraerts, 2006）从原型范畴理论出发，根据空间和物质认知域的邻近性，时间域中的临近性，行为、事件和过程中的邻近性以及总成和堆拢认知域中的临近性对转喻进行研究，提出了 23 种转喻模式。例如，空间物质认知域中转喻模式包括：空间部分与整体，方位与所在，容器与被容纳物，物质与客体等；行为、事件和过程认知域中转喻模式包括：次事件与复杂事件，原因与结果，行动与参与者等。笔者根据他们的研究成果，从单个实体代总体、次事件代复杂事件、空间部分代整体、后果代表先前、居住地代表居住者、衣着代表身份、外观代内质等模式研究宣传片的转喻现象。与多模态隐喻相比，目前国内外关于多模态转喻独立研究比较少，大多研究是与多模态隐喻研究相关联。福塞维尔（C. Forceville, 1996: 98）在分析图画隐喻的过程中发现转喻过程的存在，例如，产品可以用其对应商标或品牌图像作为替代。米特尔博格和沃（I. Mittelberg & L. R. Waugh, 2009）发现在口语和肢体语言之间，无论隐喻是否存在，转喻都一定存在，并且转喻是隐喻构建意义的必要前提。潘艳艳和张辉（2013：17—18）的研究也证实了独立存在的转喻，认为多模态转喻或丰富、延伸了隐喻的意义，或呈现源域、目标域。学界对多模态转喻没有明确的定义。参照多模态隐喻的定义，多模态转喻可被定义为源域通过视觉、声音等两种或两种以上的模态得以构建，进而启动同属一个认知域的目标域。

2.5 国内多模态话语分析的发展

2003 年，李战子（2003）的《多模式话语的社会符号学分析》一文介绍了基于系统功能语言学的多模态话语分析理论，开启了我国多模态话语分析研究的先河。可惜她的研究没有引起国内同行的足够重视。四年之后，朱永生（2007）发表了《多模态话语分析的理论基础和研究方法》，为国内学者从系统功能语言学角度开展多模态话语研究提供了理论基础和分析方法。此后，国内的多模态话语分析研究逐渐增多。以“多模态话语”为主题词在中国知网学术期刊库（CNKI）中搜索，截至 2022 年 12 月 31 日，剔除会讯、书评和与主题范畴相关性小的文献，可检索到 1 657 篇学术期刊论文，924 篇学位论文和 21 篇会议论文。

同时也有一些专著出版，如韦琴红《视觉环境下的多模态化与多模态话语研究》（2009），高佑梅《语言符号“非任意性”研究：认知语言学框架下的多模态语言分析》(2014)，张佐成、邢建玉等《多模态即席话语研究》(2014)，代树兰《多模态话语研究：电视访谈的多模态话语特征》(2015)，张德禄等《多模态话语分析理论与外语教学》(2015)，胡永近《多模态话语分析理论及其在外语教学中的应用》(2018)，吴安萍《大数据、跨学科与多模态话语研究》(2019)，李妙晴《多模态话语分析理论在中国的应用》(2019)，田海龙、潘艳艳《多模态话语分析:理论探索与应用研究》(2019)[1]，等等。从这些丰硕的成果可见，多模态话语分析的研究在国内如火如荼地进行，已成为国内语言学界令人瞩目的热点之一。

基于这些研究成果，可以清晰看出国内多模态话语分析的大致研究现状，从中得出研究已取得的成绩、不足之处以及未来的发展趋势。按照研究成果，大致可以将这些研究分为理论探讨和应用研究。

2.5.1　理论探讨研究

国内学者从系统功能语法（如朱永生的《多模态话语分析的理论基础与研究方法》、张德禄的《多模态话语分析综合理论框架探索》)、社会符号学（如李战子的《多模式话语的社会符号学分析》、胡壮麟

1　请参阅以下文献：韦琴红《视觉环境下的多模态化与多模态话语研究》(科学出版社，2009年)；高佑梅《语言符号“非任意性”研究：认知语言学框架下的多模态语言分析》(南开大学出版社，2014年)；张佐成、邢建玉、王彦《多模态即席话语研究》(世界图书出版广东有限公司，2014年)；代树兰《多模态话语研究：电视访谈的多模态话语特征》(上海外语教育出版社，2015年)；张德禄等《多模态话语分析理论与外语教学》(高等教育出版社，2015年)；胡永近《多模态话语分析理论及其在外语教学中的应用》(安徽大学出版社，2018年)；吴安萍《大数据、跨学科与多模态话语研究》(浙江大学出版社，2019年)；李妙晴《多模态话语分析理论在中国的应用》(中国纺织出版社，2019年)；田海龙、潘艳艳《多模态话语分析：理论探索与应用研究》(北京航空航天大学出版社，2019年)。

的《社会符号学研究中的多模态化》)、认知语言学(如高佑梅的《语言符号“非任意性”研究：认知语言学框架下的多模态语言分析》、潘艳艳和郑志恒的《国防话语的多模态认知批评视角——以中美征兵宣传片的对比分析为例》)、语料库语言学(如黄立鹤的《语料库 4.0：多模态语料库建设及其应用》、杨明星等的《“互联网 +”背景下多模态、多语种外交话语平行语料库设计与创建探析》)、文体学(如雷茜和张春蕾的《英语课堂教学的模态调用研究——多模态教学文体学视角》)、批评语言学(如田海龙和潘艳艳的《从意义到意图——多模态话语分析到多模态批评话语分析的新发展》、林晶的《多模态批评话语分析：理论探索、方法思考与前景展望》)、现代技术(如王立非和文艳的《应用语言学研究的多模态分析方法》、冯德正的《数字技术与多模态语篇分析》)[1] 等多个视角对多模态的模态、媒介、情态、模态关系、不同类型的话语、多模态语篇、多模态语料、多模态隐转喻、多模态分析方法和框架等内容进行了理论探索。这些理论探索深

1 请参阅以下文献：朱永生《多模态话语分析的理论基础与研究方法》，载于《外语学刊》(2007年第5期)；张德禄《多模态话语分析综合理论框架探索》，载于《中国外语学刊》(2009年第1期)；李战子《多模式话语的社会符号学分析》，载于《外语研究》(2003年第5期)；胡壮麟《社会符号学研究中的多模态化》，载于《语言教学与研究》(2007年第1期)；潘艳艳、郑志恒《国防话语的多模态认知批评视角——以中美征兵宣传片的对比分析为例》，载于《外语研究》(2017年第6期)；黄立鹤《语料库4.0：多模态语料库建设及其应用》，载于《解放军外国语学院学报》(2015年第3期)；杨明星、吴丽华、牛桂玲等《“互联网+”背景下多模态、多语种外交话语平行语料库设计与创建探析》，载于《外语教学》(2018年第6期)；雷茜、张春蕾《英语课堂教学的模态调用研究——多模态教学文体学视角》，载于《外语与外语教学》(2022年第3期)；田海龙、潘艳艳《从意义到意图——多模态话语分析到多模态批评话语分析的新发展》，载于《山东外语教学》(2018年第1期)；林晶《多模态批评话语分析：理论探索、方法思考与前景展望》，载于《解放军外国语学院学报》(2019年第5期)；王立非、文艳《应用语言学研究的多模态分析方法》，载于《外语电化教学》(2008年第3期)；冯德正《数字技术与多模态语篇分析》，载于《北京科技大学学报(社会科学版)》(2010年第4期)。

化了学者们对于多模态的认识，促进了多模态研究的发展，引领了多模态的应用研究。

2.5.2　应用研究

应用研究主要体现在教学领域、静态文本、动态文本、各类话语领域方面。

（1）教学领域的应用研究。现代教育技术的发展使配备图片、音乐、文字、网络的多模态课堂成为教学的常态，新的教学环境、教学技术带来教学模式等一系列的变化，这些变化值得好好研究。基于多模态话语的教学研究范围涵盖了小学、中学、中职、高职高专、本科、研究生等多层次的中文、英文教学，涉及听力、精读、写作、阅读、口语、词汇、翻译等专业课程和公共课程教学，探讨教学中师生互动话语、课堂的模态协同、学生多元识读能力、教学课件的设计与运用、多模态教材的开发等内容。比如，朱敏华、严敏芬（2015）以系统功能语言学与多模态话语分析理论为基础，以多元识读教学理念为核心，提出多元识读课程设计的理论框架，通过“已有设计—设计—再设计”的设计过程和“实景实践、明确指导、批评框定、转换实践”四个教学步骤培养学生的多元识读能力，并主张将多元识读能力的评估纳入评估体系。车霄（2022）依据多模态话语分析理论，以重点大学的两个班级学生为实验对象，进行为期 20 周的公共外语报刊阅读课多模态教学研究。研究发现学生的学习兴趣明显提高，学生对文章的理解能力有所增强，进而提高了整体阅读能力，并且学生能够主动参与知识的建构。这些基于多模态话语分析的研究结果使教育工作者对配备现代技术的课堂教学有了更加深入的认识，有助于进一步推进课堂教学改革，提升教学效率，进而提高学生的学习兴趣、参与度，优化教学效果，从而提升学生多元识读能力的培养。

（2）静态文本的应用研究。随着科学技术的发展，话语的呈现方式越发多样化，单一的文本模态已经很少见，更多的文本都是以多模态方式呈现的。像广告语篇、电影海报、媒体语篇、漫画、网站宣传语篇等静态文本主要运用文字、图像等静态符号，是图像和文字这两种符号相结合的一种视觉模态语篇，属于多模态话语。自从克莱斯和凡·莱文构建的视觉语法理论被介绍到国内后，学者们意识到该理论开启了对图像研究的新范式，为解读图像、图表等模态提供了新的分析方法和工具，便纷纷采用视觉语法理论对各类的静态文本进行解读。如梁兵、蒋平（2015）以特里·罗伊斯（Terry Royce）的符际互补理论与视觉语法为理论框架，系统分析了旅游宣传海报的文字和图像之间相互协作的工作机制，探讨了中国文化对外传播的方式和特点。穆军芳、张青青（2022）基于视觉语法对2020年奥迪新能源汽车广告进行多模态分析，尝试创建一个视觉语法视角下新能源汽车广告的生态性研究框架，解读新能源汽车广告如何通过三种功能意义来建构其生态特性。这些研究成果揭示了静态语篇如何利用言语符号和视觉符号的相互作用构建一个完整的语篇，从而达到其语篇的目的，帮助受众更加全面解读图像，理解其构建的话语意义。

（3）动态文本的应用研究。随着多媒体和数码技术的发展，国内研究者也日益关注动态多模态视频语篇如电视广告、电视民生新闻、网络视频广告、形象宣传片、天气预报、英语演讲等动态语料的分析和字幕翻译研究。潘艳艳（2019）运用视觉语法理论、电影理论和传播学相关理论，建构动态（视频类）多模态话语的分析框架，并将这一框架运用到中美警察形象宣传片的对比分析中。其研究揭示了中美警察形象宣传片在叙事特征、互动意义以及意识形态方面的不同，并就此类宣传片的制作提出了一些建议。这些研究成果在研究视角、研究方法和研究内容层面上均有所进展和突破，表明动态视频的分析必须结合电视或电影理论以及其他相关学科的理论和观点，针对不同的语类特征采取不同的视角来建立分析框架，其分析的结果才较为全面，令人信服。

（4）不同话语领域的应用研究。随着中国日益走近世界舞台中央和话语研究的深入，学者们越来越意识到诸如国防话语、军事话语、外交话语等不同领域的话语对于国家形象和国际话语权的提升起着重要作用，开始了不同领域的多模态话语研究。潘艳艳发表了如《多模态视阈下的国家安全话语分析——以中美警察形象宣传片的对比分析为例》《多模态认知批评视角的军事新闻报道分析》《战争影片的多模态转喻批评分析》等一系列论文和著作《多模态国防话语的认知批评研究》，在军事话语、国防话语等领域进行语言、图像、肢体语言、色彩等方面的中西跨文化比较研究，从而为构建“讲好中国故事”“传播好中国声音”的军事或国防话语体系提供具体的参考和借鉴。这些不同领域话语的多模态研究对中国特色大国对外话语体系的构建、翻译与传播无疑具有重要推动作用。

2.5.3　研究发展

尽管我国引进多模态话语分析理论只有不到 20 年的时间，但是研究者对多模态话语分析的研究价值给予了充分重视，在理论探索及实践应用方面均取得了可喜的成绩。在理论方面，很多学者作出了自己的探索和贡献，比如张德禄教授根据语言与图像在交际中的协同作用，探索多模态功能文体学理论框架（张德禄、穆志刚，2012）；结合多模态体裁理论探索外语教学多模态选择框架（张德禄、丁肇芬，2013）；根据多模态互动分析的基本理论和方法，探索多模态互动分析的综合框架（张德禄、王正，2016）；以系统功能语言学的社会符号学理论和多模态修辞中的多模态论辩理论为基础，探索多模态论辩修辞框架（张德禄，2017）；改进已有多模态话语分析框架，构建多模态分析综合框架（张德禄，2018）；根据已有的话语分析模式，择各自所长，建立一个多模态批评（积极）话语综合分析框架（张德禄、张珂，2022）。在实践应用方面，在教学领域进行了广泛深入的研究，在静态文本和动态文本的研究上有长足的发展，也涉足不同领域话语的研究。但是中国多模态话语分析研究经过了理论引介和探讨、应用实践及理论反思等阶段，需要关注理论的发展和深化。未来应加强理论的发展和深化，汲取不同学科理论和方法优势，实现优势互补，同时通过高科技软件进行多模态协同和配合的分析及数据分析，对多模态的定性研究做补充，继续发展语料库等实证性研究方法，拓展研究主题范围和对象。

2.6 多模态话语分析理论框架

根据本书的研究对象和研究内容，汲取多模态话语分析的研究成果，笔者将从以下四个视角分析中国宣传片。

1. 基于张德禄的多模态话语分析框架，从文化层面、语境层面、内容层面以及表达层面四个方面整体解析宣传片的内容，并探讨他们之间的关系

张德禄（2009）根据马丁（J. R. Martin）提出的基于五个层面的多模态分析框架和多模态话语的形式及其关系，提出了多模态话语综合框架。这个综合框架由文化层面、语境层面、内容层面和表达层面构成，其中文化层面包括意识形态和体裁，是最关键的层面，其中涉及的文化语境是多模态话语发生的基本语境；语境层面包括话语范围、话语基调、话语方式，受到具体语境的制约；内容层面包括体现概念意义、人际意义、谋篇意义的意义层面和体现多模态话语形式及关系的形式层面；表达层面在媒体上显示多模态话语形式，包括语言媒体与非语言媒体。张德禄（2009）认为在具体的语境里，各种模态之间以互补或非互补的关系相互作用，促进话语意义的产生。该综合框架囊括了文化语境、情境语境、话语意义、话语表达形式及其模态间的关系，对纪录片语篇具有强大的理论解释力。因此笔者采用该综合框架解析宣传片的宏观层面，如制作背景、拍摄内容、表达手法、形象构建等内容。

2. 基于多模态隐转喻理论解析宣传片的具体内容，探讨宣传片如何借助多模态修辞手段成功构建国家形象

多模态隐喻和多模态转喻是近年来语言学领域新兴的事物，其研究缘于认知语言学对于纯语言学范畴内的隐喻和转喻研究不够深入。此外，随着学科的交叉发展和多种模态在交际中起着越来越重要的作用，多模态语篇成为研究的趋势，因此，全面的隐喻和转喻研究不仅包括语言模态的隐喻和转喻，且涵盖非语言模态的图像、声音、动作的隐喻和转喻，即多模态隐喻和多模态转喻。许多研究表明多模态隐喻和转喻既有区别，又有联系。二者之间经常交织在一起，转喻可以丰富或者扩展隐喻的意义，能把比较抽象的隐喻目标域具体化、物质化。二者的区别在于：首先，隐喻是基于相似性的映射，转喻则是基于相邻性；其次，隐喻是跨域的映射，转喻则是在同域范围内完成的映射；隐喻的识别和解读离不开转喻，而转喻可以独立于隐喻存在。当然，转喻和隐喻的映射都是一种心理可及，只是转喻是在同域内完成“由部分代整体”的心理可及（严佳，2016：66）。隐喻和转喻具有概念构建、意义凸显以及价值塑造等功能（参见 Forceville, 2009; Urios-Aparisi, 2009）。宣传片综合运用文字、图像、音乐等表意符号，借助隐转喻手段，动态鲜活地构建了抽象复杂的国家形象。但是，多模态隐喻和多模态转喻具有文化性，进行分析时，必须结合情境和语言语境解析语篇的多模态隐转喻。因此，本书从多模态隐转喻角度解析宣传片的具体内容，有助于我们准确解读宣传片构建的国家形象。

3. 基于多模态翻译理论和相关的模态关系理论解析宣传片的解说词翻译

宣传片的解说词，与图像、音乐相比，有着更为清晰明确的表意功能。当涉及受众难以理解的历史典故、传说等时，解说词可以帮助受众理解；有些内容难以用画面直观表现，解说词能够形象解释抽象的道理，说明肉眼看不出的微观变化；当画面包含众多信息，又稍纵即逝时，解说词能突出重点，强化重要信息的功效。因此，宣传片要达到良好的对外传播效果，其解说词的翻译至关重要。但是宣传片解说词的翻译，与传统的只局限于文字的单模态翻译不同，因为宣传片解说词受到宣传片其他模态如图像、声音、排版布局等的影响，特别是解说词要根据图像呈现的画面调整，因此，翻译时要考虑其他模态及其与其他模态的关系。解说词的翻译属于多模态翻译。因此本书根据多模态翻译理论和模态关系理论解析宣传片的解说词翻译。

4. 基于多模态话语分析理论和相关的影视及传播理论，解析宣传片的对外传播

为对外树立良好的国家形象，让世界了解真实、不断发展的中国，2009 年，中国政府开始积极主动独立拍摄宣传片，从政治、经济、文化、体育、生态等不同侧面展示中国的发展变化，借助相关传播理论解析这些宣传片的对外效果，可以清晰看到中国自拍宣传片在国际传播上的不足。在宣传片对外传播的过程中，不可避免地会遇到一些困难和障碍，借助话语分析和一些传播理论，我们可以更好地理解这些困难或障碍，并针对性地提出一些对策，破解困局，提升我国宣传片的对外传播效果。

基于以上的研究视角和内容，笔者构建了针对中国国家形象宣传片的多模态分析框架（图 2−1）。

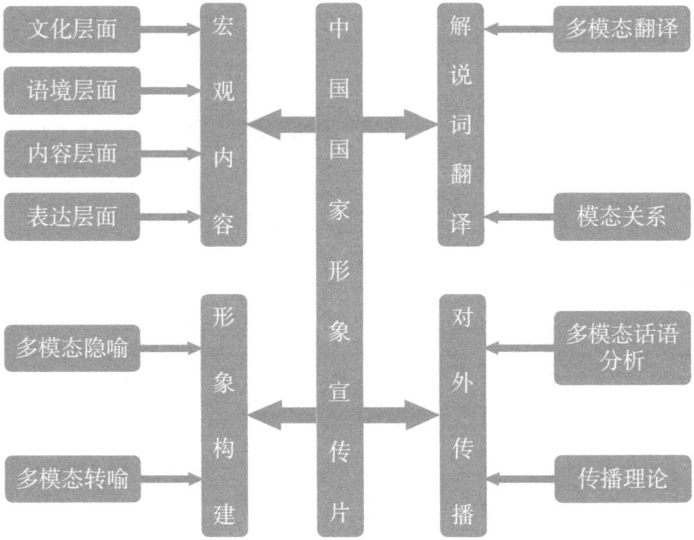

图 2−1　中国国家形象宣传片的多模态分析框架

第 3 章　中国国家形象宣传片的多模态话语分析

20 世纪 70 年代改革开放以来，中国在国际社会的影响力显著提升，综合国力进一步增强，人民生活水平不断提高。中国的国际形象总体朝着积极正面的形象转变。一方面，中国通过逐渐融入国际秩序而体现出自身不可或缺的影响力，其积极主动的外交活动起了至关重要的作用。另一方面，“他塑”和“自塑”的宣传片对于改善中国的国际形象也功不可没。进入 21 世纪以来，中国的综合国力显著增强，成为世界第二大经济体，而提升国家形象的“硬广告”——宣传片的拍摄和对外传播工程也明显加快。笔者从多模态视角回顾梳理中华人民共和国成立 70 余年来宣传片的发展进程，力求涵盖历时性的历史考究和共时性的传播效果研究，更好地认识当下宣传片创作的进步与不足，以期为新时代宣传片的拍摄和对外传播有所启发。

宣传片是时代的见证者，社会发展的记录者，国家形象的塑造者。不同时期不同方式拍摄的宣传片塑造不同的国家形象，而 70 多年来宣传片见证时代的发展，记录社会的变迁，折射出国家形象的嬗变（王小梅、司显柱，2021：77）。从历史的角度看，中国通过宣传片塑造其国际形象，既有一定的必然性，又有一定的可选择性。这种必然性体现在中国经济、社会、文化等方面的发展，产生提升软实力和增强国际影响力的需求。这种可选择性取决于当时的外部环境和内部因素。外部环境主要取决于中国当时所处的国际形势，而内部因素则体现在中国对于宣传片的认知水平，以及自身的拍摄技术、创作理念和创新能力。作为传播主体，我国的国家形象塑造意识由先前的被动转变为现今的积极主动担当。随着时代的发展，宣传片在主题、内容、叙事手法上不断调整变化，力求创新，同时考虑与我国文化背景、意识形态、价值观念等差异明显的外国受众，在跨越文化障碍和对外传播效果方面越做越好。每一部具有时代意义的优秀纪录片或者宣传片，必然有其拍摄的时代背景和历史缘由。根据中国宣传片 70 余年的发展态势，将其发展分为四个阶段：1949—1977 年的“他塑”阶段，1978—2008 年的“他塑”为主、“自塑”为辅的阶段，2009—2016 年的“自塑”为主、“他塑”为辅的阶段和 2017 年之后的“自塑”和“他塑”合力阶段。

3.1 1949—1977 年他塑阶段

3.1.1 1949—1977 年中国国家形象宣传片简况

中华人民共和国成立之初，我国就有了推进国家形象海外传播的意识。在经历长时间的动荡不安后，刚刚建立的中华人民共和国亟须与过去划清界线、树立新的国家形象。可是，中国面临严峻恶劣的国际环境：戴着意识形态眼镜的美国，联合其他帝国主义国家对我国实行政治孤立、经济封锁和军事威胁。因此，中国只能在国际外交上实行“一边倒”的方针，首批与中国建交的国家都属于社会主义阵营，其中又以苏联最早，对中国的影响最大。中华人民共和国成立初期，中国特色社会主义电影文化事业头绪纷繁，百废待兴。与苏联合拍的彩色纪录片《中国人民的胜利》(*Победа китайского народа*)与《解放了的中国》，经过精心策划安排，在国际社会上产生了很大影响。到了 20 世纪 50 年代中期，由于国际环境的变化，中苏两国在一些重大问题上产生了分歧，关系开始逐步恶化。而来自法国的克里斯・马克（Chris Marker）拍摄的纪录片《北京的星期天》(*Dimanche à Pekin*）和荷兰著名导演伊文思拍摄的《早春》(*Before Spring*）向世界展示了中国的发展变化。1963 年，英国摄影记者费利克斯・格林（Felix Greene）来华拍摄纪录片《中国！》(*China!*)。1965 年日本女导演时枝俊江和她的摄制组把"文化大革命"的一些实际情况记录了并制作成 90 分钟的纪录片《黎明前的国家》(夜明けの国，又译为《中国的黎明》)(单万里，2005：224)。20 世纪 70 年代初，中国与西方国家的关系缓和，先后与西方十多个国家建交，并邀请美国总统尼克松访华。由于他们对中国不甚了解，于是掀起一股来华拍摄纪录片的热潮，留下不少中国纪实影像，其中影响较大的是意大利著名导演安东尼奥尼的《中国》和伊文思的《愚公移山》。这两部纪录片是 20 世纪 70 年代中国社会经济、生产生活、精神面貌的整体记录，是对相对封闭的中国的最后记录，共同塑造了 20 世纪 70 年代初国际视野中的中国印象，为西方社会了解中国打开一扇窗。

从 1949 年后到改革开放之前，中国为了突破西方的封锁与遏制，不断调整外交政策，例如通过主动邀请外国友好传媒机构和人士访华，或者批准一部分外国新闻工作者或新闻机构来华拍摄纪录影片，以赢得他们的同情和支持，争取他们对中国的认同，通过他们发出自己的声音，争取国际话语权。为此，中国政府在不同的时期，主动邀请了一些中国人民的好朋友来华拍摄纪录片，授权给他们来建构中国形象，以达到宣传中国的目的。这个阶段的宣传片虽是中国政府主导发起的，对于拍摄内容、地点有所限制，但是受限于当时国内的拍摄技术、拍摄装备和制作经验，其创作思路、拍摄内容、拍摄手法、剪辑等一系列的工作都由国外拍摄团队拍板决定。同时，中国宣传片的对外传播途径有限，传播范围局限于与中国建立友好邦交的国家，如通过建交国家的中国电影周（如苏联），或外交部和驻外使馆举办的一系列活动传播，影响较小。

一直以来，西方话语主导着世界舆论，他们拥有着众多的话语资源，而中国却很少有机会获得话语的表述，从而导致中西话语权力的不对称发展，中国形象始终处于西方话语的影响之下。在这种中西话语空间之下，中国形象借助纪录片有可能进行沟通交流，从而形成有限的跨文化影像对话。

3.1.2 个案分析：纪录片《中国》

1.《中国》简介

1972 年由意大利著名导演安东尼奥尼拍摄的纪录片《中国》是一部正值“文化大革命”时期拍摄记录的作品。在特殊的政治和文化语境下，由于其中所涉及和表现的“中国形象”问题，该片一经上映就遭到了中国政府和人民的强烈抵制，时隔 32 年才在中国重新面世，《中国》一度成为有史以来最有争议的一部中国题材的西方电影纪录片。而时至今日，《中国》称得上是一部真实记录了“文化大革命”后期中国面孔的作品。

纪录片《中国》共有上中下三集，分别以中国的三个地点划分：第一集以《我爱北京天安门》为片头，主要拍摄了北京的中国印象，包括天安门前的人群、卫生院接受针灸麻醉做剖宫产的产妇、热闹的杂技表演与人群等；第二集在河南省林县拍摄，以林县作为样板记录了当时的主要运动——人民公社化；第三集的拍摄地点在上海，镜头中不乏洋楼橱窗、码头街道等上海经典场景。在前往北京拍摄的前几个月，安东尼奥尼在寄往北京的“意向书”中曾写道：“我计划关注人的关系和举止，把人、家庭和群体生活作为记录的目标。我意识到我的纪录片将仅仅是一种眼光，一个身体上和文化上都来自遥远国度的人的眼光。”（孙傲，2017：21）可见这位伟大导演的镜头力图做到客观叙述与记录。但《中国》作为一部跨文化纪录片，由于拍摄者、被拍摄者与观看者的文化历史背景不同，对于相同的语篇含义解读必然存在差异。

2.《中国》的多模态话语分析

（1）《中国》的文化层面分析

在多模态话语分析理论框架中，文化是使多模态交际成为可能的关键层面，交际的传统、技术、形式都是由文化层面决定。文化层面包括意识形态和体裁，意识形态即指包括思维模式、生活习惯等一切社会潜规则（张德禄，2009：28）。

《中国》这部纪录片中所记录的中国正处在“文化大革命”后期，随着“文化大革命”的结束，中国逐渐步入一段平静和修复期。1971 年 10 月，中国恢复了联合国的合法席位；1972 年 2 月，美国总统尼克松访华，中美关系走向正常化；1972 年 9 月日本首相访华，中日正式建立外交关系，中国的外交工作逐渐打开了局面。此时的中国亟待进行中国形象的宣传，让国际社会了解中国的发展，这便给《中国》这部纪录片的诞生创造了可能。这一切看似象征着中国走向了开放，然而事实上在当时刚刚结束“文化大革命”的中国，政治性话题与人们的生活结合得无比紧密。

首先从纪录片导演的甄选上就可以看出这一点。作为能经过中国政府反复甄选，最终受邀来到中国拍摄这部宣传纪录片的导演安东尼奥尼首先是一名意大利共产党人，且曾获金棕榈奖、金狮奖等众多奖项。当时的中国政府与人民对于这位共产党人出身的导演抱有极大的期待，期望能够在《中国》中看到一个冉冉崛起的伟大中国形象。而作为一个有着不同自身文化背景的西方导演，他所见并记录的中国是出于他自己理解的中国。这其中难免会存在如个人主义与集体主义的视角差异等导致的冲突，这也不难解释为什么《中国》上映后令中国政府及人民失望，遭到批判。

其次在纪录片中，充满政治性的文化特征随处可见。第一集片头是孩子们的“我爱北京天安门，天安门上太阳升……”的歌声；广场上的石碑是解放军战士冲锋的革命宣传画；幼儿园的孩子们手持红缨枪表演着红卫兵保卫祖国的节目，茶馆里喝茶的人几乎每人胸前都戴着毛泽东像章，为了搞社会主义建设而不赞成儿子娶妻的工厂夫妇，纺织工人开会说着“为革命纺好每一米纱”……作为一个致力于呈现“人”的状态，从细微之处观察生活的电影人，安东尼奥尼表示：“我拍的不是一部带有教育意图的政治片……我是一个观众，是个携带着笔记本——我的摄影机的旅游者。”（引自孙傲，2017：21）安东尼奥尼并未刻意体现当时中国的政治形态与动向，他没有将镜头对准宏伟的建筑、整齐的工厂、完备的政府机构，而是花大量的镜头与时间拍摄普通百姓的状态。他并不关心那些政治动向、政治气候。

另外，从纪录片的拍摄安排上，我们也能对当时的拍摄背景略窥一二。本是作为受邀前来拍摄，摄制组的行动却受到了严格的限制，拍摄日程由官方安排，拍摄对象多由官方组织，很多地方都是“非请勿进”的，这种导演个人思想与邀请方主张上的矛盾也体现了文化上的差异。在纪录片中不乏导演想方设法“对抗”的偷拍镜头，有时导演会在解说中向观众交代。这样的拍摄手法，以及这样的记录背景也从侧面体现了中国当时的部分交际形态背景。

（2）《中国》的语境层面分析

在具体语境方面，语境制约着交际，包括从话语方式、话语范围、话语基调所决定的语境因素（张德禄，2009：28）。话语方式指表达语义的方式，包括正式与非正式等。《中国》摄制组是由中国官方邀请而来的，并且大致的拍摄内容与步骤都有严格的安排，因此《中国》大部分的叙述是正式的，有组织计划的记录，呈现出了不少当时中国政府期望表达的中国形象。同时，为了记录更加真实的中国人的生活日常，安东尼奥尼采用了不少的非正式手段，包括偷拍等。这些话语都是非正式的，有些镜头甚至因为距离太远牺牲了清晰度。这样有些隐晦的话语方式展现了更加真实原生的中国面孔，但有违中方拍摄纪录片的初衷，因而遭到了一些抵制与批判。

所谓的话语范围是指正在发生的事，包括正在被谈论的事情，即语篇的概念意义（黄慧，2013：146）。在《中国》这一语篇中，其概念意义就是话语范围，跨越北京、林县、苏州、南京和上海。从团结繁荣的人民公社到苏州的一场葬礼，从幼儿园表演的小朋友到坐在茶楼闲谈喝茶的上海老人，从羞涩的恋爱青年男女到北京某卫生院产床上接受针灸麻醉剖宫产的产妇，安东尼奥尼想尽办法把镜头对准中国人生活的方方面面，以采访、特写、长镜头甚至偷拍等方式，记录下 20 世纪 70 年代初中国人民的真实状态，力图呈现他眼中的中国形象。

韩礼德认为，话语基调指的是交际情景中话语活动参与者即讲话者与受话者之间的角色关系，体现话语基调最主要的因素之一便是说话者的态度和情态（朱永生，1997：26）。在语篇《中国》中，安东尼奥尼并没有大量使用直接式的追问和采访来记录被摄者的反应，也没有对拍摄内容做直接的解读和定义，而是直接向受众体现他的思考与探究的目光。他在拍摄长城时发问："国王的名字被载入史册，是他们搬运了城石吗？”以及对于长城是“在太空中唯一能够看到的建筑”表示“宇航员并没有证实过这一说法”，甚至借他人之口称长城是“世上最长的墓地”。在拍摄北京街头打太极的人们时，纪录片旁白道：“这个太极运动是如此的传统与古老，导致新的领导人甚至想要让它从这个国家消失，似乎它代表着过去。”当镜头对准在故宫里的人群时，旁白是这样说的：“今天的中国人回顾过去时不再胆怯，他们现在能够以平静的心态去面对，在参观皇城故宫时，一点也不害怕”……这些话语显然已经超越了单纯的解释与评论，更多地表现了他对于中国的思考与探索，正如他本人所说，“我是一个观众，是个携带着笔记本——我的摄影机的旅游者”（引自孙傲，2017：21）。安东尼奥尼独特的话语基调也使这部纪录片不同于同时期的其他作品——重视的是作品本身，是他眼中挖掘和记录的生活真实，给不同时代的观者留下了思考空间，而非政治意味的定义性的纪录片。

（3）《中国》的内容层面分析

多模态话语的内容层面分析主要分为形式和意义两个层面，从形式层面看，不同模态的形式特征相互关联，以共同实现话语意义。由于在这个基础上的每一种模态都有自己的一套语法，如视觉语法、听觉语法等，它们的语法都不像语言的语法那样确定，探讨起来难免复杂而无确定结论，因此对于多模态的内容形式方面主要研究不同模态的特征与它们之间的关系，而话语意义是由话语的具体语境所制约的概念意义、人际意义和谋篇意义构成（张德禄，2009：28）。

《中国》涉及的模态主要包括语言（片中拍摄时被摄者的对话语言，主要是普通话和一些地方方言，以及拍摄者的解说旁白的语言，主要是意大利语）、图像和声音。根据张德禄的多模态话语分析理论框架，各种模态间的关系可以依据模态间是否能够独立完成意义的构建分为非互补和互补两种关系。在各模态的互补关系中，分为强化关系与非强化关系；在各模态的非互补关系中，分为交叠、内包和语境交互三种形式。强化关系指其中一种模态作为主要的交际形式，其他模态作为对它的强化存在；非强化关系则表示两种交际模态缺一不可，互为补充的关系，特别是听觉和视觉的结合。交叠关系是指两种模态同时出现，但是没有强化关系；内包关系是指多种不同或者同种模态，对整体意义的表达没有新的贡献，而只是给予更加具体的信息（张德禄，2009：26—27）。

纪录片在拍摄上海时，有这么两段旁白："在一代人的努力下，改造最明显。"镜头落在了修路工人身上，体现对这些"改造"上海的劳动人民的肯定。"上海这个名字让人联想到犯罪、毒品和腐朽。"随着解说沉稳的声音阐述，画面里呈现的是三轮车车夫载着乘客面带笑容交谈，女学生们并肩在路上走过，环卫工人骑着环卫车清扫路面等一系列平和、放松的景象。在这段语篇的两个旁白片段中，前者的图像对旁白起到强化作用，使解说的内容更加可信；后者的图像与旁白则是缺一不可互为非强化关系，共同呈现了上海形象的改变，且没有一个模态是直接来表达这一内涵，而是把思考和评判的空间留给观者，使意义的表达更加含蓄而深刻。图像、语言和声音相结合，概念性再现了普通老百姓是改造上海的主角（概念意义）；从旁白的语气（陈述句），使用的词语"最"，"联想"可以推测制作者对上海的改造结果是持肯定态度的（人际意义）；与主题词相关的"犯罪、毒品和腐朽"将"改造"这个复杂而抽象的主题词概念具体化（谋篇意义）。

这一段十分具有安氏的风格，没有把城市社会的改变记录为对政府组织的歌功颂德，也没有对所谓"联想"作强硬的辩解，而是将目光放在普通人的身上，把自然甚至可以说日常的画面呈现给观者，传达出的是对人的关怀。在《中国》里，为有效进行意义的构建与表达，语言和图觉的互补关系占主导地位，其中强化与非强化两种关系占比较为均衡，而声觉对前面两种模态起着强化作用，共同完成话语意义的构建与表达：中国是一个相对贫困落后的国家。

（4）《中国》表达层面分析

多模态话语分析的表达层面，借鉴了系统功能语言学理论中的媒体层面分析。媒体层面，是话语最终在物质世界表现的物质形式，由语言和非语言两大类构成（张德禄，2009：25）。语言又包括纯语言和伴语言两类。在纪录片《中国》中，语言媒体显然包括纯语言的被摄者的声音以及解说者的声音，以及纪录片的字幕文本，这些媒体作为直接表意的语言媒体，将导演想要表达的意义直接传递给观者。伴语言的媒体形式如音响、音调、字体、语气等，虽不直接表达意义，但对整体意义构建起着重要作用，甚至有时可以引起整体意义的改变（张德禄，2009：25）。如在拍摄放学时的幼儿园小朋友，他们个个面带着天真灿烂的笑容，活泼的语气高喊的却是“提高警惕，保卫祖国”“红小兵，斗志强”一类的号子，此时制作者传达出的并不是对革命斗志的肯定，更多的是疑惑。

3.《中国》的多模态隐转喻分析

多模态隐喻和转喻主要研究对象为同时包含多种呈现形式的表达文本，如广告、电影、纪录片等。与电影不同，纪录片主要通过镜头语言与旁白解说的配合对外传递中心思想，公众通过观看进行解读，吸收宣传片所传递的价值理念，引领自己的思想和行为。纪录片传达的内涵一般较为抽象，公众难以轻易感知，这就需要影片制作者通过多种表达模态多角度呈现片中要传达的抽象价值理念。而且纪录片的“语类特点体现了视觉模态和听觉模态对抽象影片观念（目标域）的具体化再现作用以及视听模态协同作用实现劝说诉求的功能，而这些正是通过多模态隐喻和转喻实现的”（裘莹莹、赵亚敏、杜洁，2012：

103）。因此笔者主要通过捕捉图像、文字和声音模态作为研究对象进行分析，其中以图像和文字为主。

（1）《中国》的多模态隐喻分析

① 看与被看的隐喻

在 20 世纪 70 年代初期，尼克松访华是中美关系的破冰之旅，标志着中美关系的解冻，表明我国结束了以往的以意识形态决定对外政策的指导方针，开始与世界主要发达国家加强联系，改善双方关系，以应对当时不利中国的国际形势。在这个背景下，中国要让世界了解中国，于是邀请意大利电影大师米开朗基罗・安东尼奥尼前来拍摄，所以这部纪录片的拍摄缘起就是安东尼奥尼通过摄像机“看”中国，中国是“被看”，被来自不同文化背景的拍摄团队拍摄。但是，这个看与被看是在一定条件下发生的。

首先，拍摄团队是以旅行者的身份来看中国并构建中国形象，往往对拍摄地的文化背景了解不深，无法充分理解拍摄的内容，又因语言障碍，无法同拍摄对象深度交流，因此他们基于职业的直觉，以及他们的直观表面体验去呈现中国，构建的中国形象，与中国人眼中的形象会有一定的出入或差别。“这五个星期只允许我快速地一瞥，像游客一样我看到的东西是以旅行者的眼光。我尝试着带上电影观众，带上他，做帮手，在这个旅行中他陪伴我。……我去中国不是理解它，而只是为了看它。看和拍摄那些经过我视线的事物。”（侯宇靖、刘海平，2013：59）这种出入或差别在安东尼奥尼跟中方沟通之后，改变行程，只在中国拍摄 22 天就匆匆结束后进一步扩大了。例如，拍摄长城的时候，安东尼奥尼没有意识到长城在中国文化的地位，不了解在历史上的军事功能，反而认为是“历史上最无用的军事防御”，并借用他人之口称之为“世上最长的墓地”。

其次，每个人都是生活在一定的社会环境中，形成自身的世界观、人生观和价值观，带有意识形态的深深烙印。作为纪录片导演，其本身的意识形态始终会支配和影响其建构的形象。来自西方社会的拍摄者，总是带着无意识的优越感和怜悯心去拍摄本土之外的地方。安东尼奥尼下意识地认为贫穷是中国的真实，因此在拍摄过程中，想方设法地避开中方的安排，去偷拍安排之外的东西，寻找心目中自以为是的中国形象，而不是按照官方的意愿去拍摄，构建中国形象。虽然当时的中国，贫穷、落后是其真实情况，但也有积极向上、热火朝天的生产场面。他下意识地采用俯视的视角，以理性或冷漠的态度观察中国，呈现中国落后的一面。纪录片中，房间低矮、胡同狭窄的四合院，裹着小脚的老太太并附上这个裹脚习俗的由来，“地下”农贸集市里，神情不安的人们等无不体现着来自西方社会的优越感。

最后，始于马可波罗的西方学者们对中国的描绘，使其不是地理上一个确定的现实的国家，而是文化想象中某一个具有特定政治伦理意义的乌托邦。受这种乌托邦化中国主义的影响，拍摄者怀着理想化的愿景来到中国，“去之前，在我的脑子里有一个中国的概念……我想象的影像，那些占多数的童话般的影像：黄色河流、蓝色沙漠，有好多盐的地方并用盐盖房子和铺路，所有的都是白色的沙漠，动物象形的山峦，农民身着童话般的衣服”（侯宇靖、刘海平，2013：50）。纪录片在展示人们日常生活的同时，伴随的解说词如：“北京和中国人都非常勤劳。”“北京的居民显得贫穷，但不匮乏。他们虽没有奢侈品但也不挨饿，让我们惊讶的是生活上的平等，跟我们那边很不一样。这里看上去既不焦虑又不着急。”“北京的色彩不多，衣着相当简陋，这里你能感觉到久已忘却的美德，如礼仪、谦虚和自我牺牲的精神。”体现了中国人民勤劳、谦虚的品德，人民物质生活虽不丰富，但是不焦虑不着急的平和心态等积极正面的形象。同时，安东尼奥尼以自己的方式赞赏了中国的人性解放，性别平等。

中国希望借助西方导演之手，宣传积极正面的中国形象，因此非常重视这次的拍摄之旅，成立了专门的接待团队，选取拍摄地点，安排拍摄时间和路线，有所侧重地选择拍摄范围和对象。中方希望呈现的是中国在政治、经济、文化、社会等方面火热的社会主义建设以及取得的社会主义建设成绩，因此选择首都北京，社会主义建设火热的林县（著名“红旗渠”所在地）以及南京、苏州、上海等经济发展较好的地区作为拍摄地点。在拍摄过程中，中方全程派员陪同拍摄，会负责及时告知导演哪些内容不宜拍摄，如在拍摄天安门广场附近时，解说词显示“司机突然停车，告诉我们这条街上不能拍摄”，拍摄团队后面才得知禁拍的理由：这条街是一园林的入口，而毛泽东的住所就在这园林中。但是安东尼奥尼并不认可这样的安排，认为拍摄的内容不够真实，于是努力突破这样的安排，采取偷拍的方式，极力呈现给西方受众“真实的中国”。

② 面孔隐喻

安东尼奥尼遵循“以人为本”的拍摄理念和纪实主义风格，侧重拍摄生活中的中国人民。呈现在公众面前的面孔可以分为两类，一类是公开场合的面孔，另一类是私拍下的面孔。公开场合的面孔是笑容可掬，信心坚定又情绪饱满的脸，例如下班后自动组织学习毛主席语录的工人，热烈展开讨论的农村党支部，整齐嘹亮步伐坚定的下乡青年，幼儿园高唱热爱祖国的孩子们，甚至接受针灸麻醉剖宫产的产妇，明明痛苦，却在镜头下依然保持平和的微笑。私拍的面孔既有积极的表情，如平和安静的，积极向上的，如北京街头晨练打太极的老头，街边享受骑自行车“大撒把”的男人，远远坐在一边听取会议发言，但不在状态，捂着嘴偷笑的年轻姑娘，等等。但是这些私拍的面孔，更多是带着僵硬的、羞怯的、好奇的，甚至惊恐的表情，他们不知突然闯入，扛着摄像机的外国人要干什么。比如在拍林县的红旗渠时，安东尼奥尼拍摄了不在拍摄计划里的村庄——任村的农民。当摄影机拍摄时，这个“荒凉和被抛弃的村落”村民四处闪躲却又充满好奇地打量着这些西方人；当安东尼奥尼们尾随一个农民，到达地下交易市场时，农民们在那里交易着数量稀少的农产品，面对镜头时显露出一副不安的神情。

虽然公开场合的面孔表情具有一定的表演性，比起自然、私密环境下的个人表情缺乏一定的真实性，但是在那个特殊的年代，这些面孔都是当时真实的反映。公开场合的表情是当时中国的典型表情。在那个激情燃烧的岁月，政治讨论学习会已成为人们日常生活工作的一部分，他们立志成为革命乐观、激情上进的社会主义新人。人们学习毛主席语录，热情高涨建设社会主义事业；青年响应国家号召上山下乡，投身于社会主义新农村建设。“公开表情未必就不真实——即使不拍摄，他们也会这么做，这是那个时代的生存法则。”（张同道，2009：94）而私密环境下的个人表情，是在日常生活中自然流露的、未经任何准备和包装粉饰的状态，真实表达被拍摄者当时的心境。试想，当时在封闭落后的村庄，村民可能从未见过或者近距离接触过外国人，看见外国人拿着摄像机拍摄他们，呈现呆板、好奇或惊恐的表情是最正常不过的反应吧。安东尼奥尼将中国人作为《中国》的主角，记录下他看到的一切。这些表情是那个时代的民族表情、国家表情，结合表情的发生语境帮助后人解读当时中国所处的社会和时代背景。

③ 颜色隐喻

作为纪录片的构成要素之一，颜色可以在诠释内容、抒发情感上起一定作用。在以往的纪录片中，安东尼奥尼证明了自己是色彩使用高手。他在色彩的运用上拥有独特的喜好，在他眼中，“色彩是有冷暖，有明快与沉闷，有轻盈与沉重”（韩佳，2013：11）。

《中国》主要采用冷色调为主，以当时中国随处可见的深蓝色为主基调。彼时，中国人几乎都穿着相同的外衣，只有蓝白灰加绿军装四色。安东尼奥尼用摄像机很敏锐地捕捉到这一点，无论是北京街头打太极的老人、骑自行车的中年男子，踩缝纫机的年轻女子、下班回家的工人还是林县任村的村民，深蓝、浅蓝、藏蓝、藏青、蓝绿，不同饱和度的蓝色衣裤充满整个纪录片，带来蓝色调的视觉冲击力。蓝色是平静沉郁的，是深邃而富于理性的。除了其中的蓝色调和红卫兵的军绿色衣服，素朴的灰色也是安东尼奥尼表达中国的主色调。从天安门广场灰白的背景到南京长江大桥下晾晒的灰色裤子，从穿着灰白上衣的街边路人，急匆匆赶着驴车、载着家当、披着灰白头巾的老人到林县生产大队劳作的男子、女子和游荡的小孩，到处可见灰色的衣服。加上当时的房屋一般由暗灰色的砖墙砌成，灰色砖墙随处可见。安东尼奥尼力图透过这些蓝色、军绿色、灰色等暗冷色调的呈现，展示他眼中当时中国人的生存状态。

（2）《中国》的多模态转喻分析

① 个体代整体

安东尼奥尼在 22 天的时间里拍摄制作出 3 小时 40 分长的纪录片，其内容无法涵盖中国的方方面面，因此他选取典型的内容，以个体指代整体的转喻方式喻指中国的整体情况，比如用国棉三厂里托儿所的孩子们、南京五老村幼儿园幼儿和工厂子弟学校学生分别指代婴幼儿和小学生。这种个体代整体的转喻方式可在纪录片中找到很多处，这里特别分析地点转喻。

纪录片策划方思索如何在有限时长的影片有效地宣传中华人民共和国成立以来所取得的成绩，经过讨论，选取北京、林县、上海及其周边地区作为拍摄地点。选取这几个地方是有深意的，北京作为中国的首都、政治经济文化中心，能展示中国在政治、经济、文化等领域里所取得的成绩。林县是人民公社化的样板，也是著名红旗渠的所在地。林县人民在太行山悬崖峭壁上修成全长 1 500 千米的红旗渠，以“自力更生，艰苦创业、自强不息、开拓创新、团结协作、无私奉献”的精神创造了中国“第八大奇迹”，而艰苦创业的“红旗渠精神”已经成为中国人民伟大民族精神的象征。而改造后的上海应让世人重新认识，而上海周边的地区如南京、苏州等地历来是中国经济、文化发展较好的地区，能代表中国在各个方面所取得的成绩。因此，北京这个个体指代社会主义城市，林县这个个体指代社会主义农村地区，上海及周边地区指代战斗的、改造过的城市。

② 具体代抽象

纪录片往往将具象的实体作为对象进行故事的叙述，却借其表达抽象的内涵和思想，受众需要对叙事对象有所了解，并结合相应的时代背景进行解读。安东尼奥尼在《中国》中多次拍摄到中国的古代建筑，如北京故宫、天坛、明皇陵、苏州园林、上海豫园等这些古代皇家或者贵族才有机会涉足的场所。拍摄故宫时，纪录片旁白提道：“大殿和宫室通向遥不可及的权力……今天的中国人面对过去时，心态平和，他们用过去的铺张来比较今天，在参观已不再禁止入内的紫禁城时一点都不战战兢兢。”拍摄天坛时，纪录片旁白提道：“神秘美丽的天坛是古代皇帝用来向天致意的地方，祈求足够的雨水和富足的丰收。天坛现在是个公园，充满快活的游客。”拍摄明十三陵时，纪录片旁白道：“以前，这些公园是禁止入内的，甚至皇帝也得下轿。”旁白同步的画面显示人们可以随意参观赏玩，有些青年还在这里打牌休闲玩乐。从这些具体的事例中，可以看出它们从森严皇权的中心，变成了人人可以平等进入的文明古迹，表明中国推翻了封建主义，推翻了人民与权贵之间不可逾越的隐形墙，解放了人民，使他们成为国家的主人。

《中国》拍摄了北京国棉三厂里托儿所的孩子们在托儿所学习和玩乐、工厂子弟学校学生的课间活动和南京五老村幼儿园老师给孩子们上课的情形，表明大城市里的教育体系较为完善，孩子们从小就能接受良好的教育，这跟受众了解到的 1949 年前儿童悲惨的生活形成鲜明的对比。

③ 单个事件代复杂事件

《中国》呈现了在国棉厂工作的一对夫妇下班后休息做饭的情景，丈夫去菜市场买菜回家和妻子一起准备饭菜，也拍摄了很多工作学习中的女性，例如妇产医院中的女医生、国棉三厂女职工，街道上指挥交通的居委会大妈，博物馆女讲解员、去公社务农的女学生、河南林县菜园村委员会女性委员……这些镜头只是众多女性从事各行各业的缩影，表明中国妇女解放了，其地位的提高体现在政治、经济、文化教育、婚姻家庭等方面，真正做到了与男性平等。性别平等有来自法律对妇女政治地位的保障与维护，妇女真正成了国家主人。

《中国》拍摄了一位中医师用针灸麻醉来做剖宫产的过程和南京古城中心区中一个以中医治疗为主的门诊。这看似一个个独立事件，暗指着复杂事件：中医在中国应用广泛，人们欣然接受使用拔火罐、针灸、中草药的治疗方法，其神奇的效果令西方人感觉不可思议，也让他们怀疑和不解，因此格外吸引他们的关注。“安东尼奥尼在事后回忆说：‘像拍科教片一样去拍针刺麻醉，实在是无奈之举。’摄影师被一场不打麻醉就动手术的情形吓得在一开始只闭一只眼（因为是拍摄），到最后闭上了两只眼睛。”（侯宇靖、刘海平，2013：43）

4.《中国》构建的中国形象

《中国》力求在 3 小时 40 分时长里，呈现尽可能多的内容，涵盖中国的方方面面，从侧面反映中国当时的概况。在经济上，中国的经济基础薄弱，生产力低下。旁白道："巨大的工业化的上海郊区不是今天才诞生的。在某种意义上，这个城市已历经几十年的工业化过程。它的产品遍及全中国，但常常厂区只是手工砌成的大棚，它们被匆忙地放在一起。即使这个上海最大的精炼厂，也不过是个破烂的工厂，几乎是用废弃材料建成的。"镜头里忙碌生产的场景很少，更多的是停下生产来进行政治讨论和学习的场景，处处可见马车、板车、人力劳作，人们住在破烂低矮的房屋或简陋的小篷船。同时，中国是个以农业为主，工商业有所发展但并不发达的国家。《中国》呈现了去公社参加劳动的一队学生，社民们辛勤劳作的"中阿公社"，林县农村村民的生产和生活，北京的商场货品琳琅满目，农贸市场农产品供应充足，价格低廉，看似商业发展不错，但跟拍到的"地下农贸市场"显示农产品数量稀少。从这些镜头中，安东尼奥尼构建了一个他眼中的中国经济形象。

在文化上，《中国》拍摄了一些如故宫、天坛、长城、陵园、寺庙之类的古建筑，呈现了这些建筑的历史文化和现代性，从人与历史、环境的关系的角度阐释中国建筑艺术的历史厚重感。该片展示了北京清晨在广场打太极的中老年人或上海江边广场打太极、练剑的市民和学太极的少年，并阐明自己的见解：武术既是一种强身健体的方式，又是一种优美的舞蹈，还是一种庄重的仪式。它也将镜头对准木偶剧、杂技表演等民间艺术，表现杂技艺人的高超技艺和中国民间艺术的独特魅力。同时，记录了用中医针灸麻醉做剖宫产的场景，呈现让西方人疑惑不解但看似神奇的中国治疗方法，令拍摄者和受众印象深刻。这些立体多角度的拍摄塑造了中国是一个历史悠久的国家，在发展过程中沉淀并形成独具魅力的武术、民间艺术、中医等文化。

在国民形象上，《中国》描绘了国家领导人形象和普通百姓形象。

纪录片从歌曲《我爱北京天安门》开始，构建了伟大领袖毛主席指引中国前进的高大形象。普通百姓是这部纪录片的主角，《中国》赞美中国人勤劳的品质。镜头拍到了在车间忙碌的纺织女工，田间埋头干活的林县农民，在公社地里锄草、采摘蔬菜瓜果的农妇，茶楼饭馆里忙碌做饭菜点心的厨师和忙于招呼客人的服务员，等等。在旁白中，安东尼奥尼说："这个城市有严谨的习惯，它苏醒得很早，北京和中国人都非常勤劳。"在纪录片中，安东尼奥尼镜头下的北京老百姓虽然物质生活算不上富裕，但精神状态很好，这从他们在北京王府井街头拍摄的画面得以体现。街上的人悠闲地走着，不急不躁地说着话，骑自行车的人不紧不慢地推着自行车穿插其中，路边有一家人坐在台阶上，一起分享一根冰棍，卖冰棍的摊前围拢着一些人买冰棍。在林县，安东尼奥尼发现，"这个省份的贫穷一目了然"，"每个队员收到一份微薄的年薪和一份够吃的粮食。孩子也一样，不能工作的老人，衣、食、住都有保障，还能免费就医和得到一笔安葬费。"同时，《中国》呈现了革命乐观、激情上进，积极参加社会主义革命与建设事业的人们，从运用毛泽东思想来指导纺纱工作的女工，下乡参加劳动，高喊口号的青年学生到讨论毛泽东语录，用其指导农业生产的林县农民。

安东尼奥尼成功地冷静地将自己与眼前的中国隔开距离，保持了作为导演的主体性和局外人身份。在安东尼奥尼的镜头下，旁白和纪录片画面一起，共同演绎了一个异国形象。同时，安东尼奥尼没有遵循中方的主流意识和拍摄意图，而是遵从自身的创作理念和拍摄方法，《中国》构建出的形象与当时中国人自认的形象相距甚远：显得破败的城市图像与自认的繁华形象，荒凉落后的林县与自视为社会主义新农村的林县，在镜头下显得懒散甚至颓废的面孔与充满革命激情，高昂向上的群众。因此，《中国》一经推出，就遭到了来自国内各方的谴责和批判，一度成为“反动禁片”，直到 2004 年才在国内播放，与国外受到热捧形成鲜明对比。安东尼奥尼感叹道：“也许，我需要在这里住上很长一段时间，才能对中国有些了解。这个国家太大了，发生的事情太多了，无法充分感知的话，想要深刻理解生活在这里的人们，怕是不可能的。”（引自雍强，2005）

5.《中国》对我国国家形象对外传播的启示

作为一部上映以来饱受争议，甚至一度遭到封禁，时隔数十年才得以重新面世与讨论的国家形象纪录片，《中国》是成功的，但在某些角度上也是失败的。安东尼奥尼倾心记录，甚至为了保证内容的真实性不惜采用多种偷拍手法的它成了国际社会了解中国开放之前的珍贵影像，无疑是一部具有巨大价值的珍贵的纪录片；但也正是因为导演在意识形态方面的差异，以及导演采取的一些“冒犯”的记录手段与内容呈现，导致该片时隔 32 年才得以在国内第一次放映，从这个角度来说，《中国》并不能算是一部成功的宣传片。

通过对《中国》的分析，我们可以总结出一些对我国国家形象传播工作的启示与经验。

第一，国家形象是一个很难避免主观因素的议题，因为它存在于受众的主观感知中。不论是国家形象的传播者还是目标受众，都会有自身的文化背景，在形象传播工作中应考虑到双方的视角与需求，从而使得国家形象得到正向、有效的传播。

第二，学习他国形象传播手段，对不同的受众对象采取不同的传播政策。在全球化飞速发展的当下，国家形象的传播成了各国面临的重要议题，国家形象的传播工作更加不能闭门造车，而要广泛学习，采他国之长，化我国之用，才能够及时把握国家形象传播的风向，有效地进行正向的国家形象塑造。

第三，选择适合拍摄表达的视角，以及在形象传播后采取适当的手段规避不良影响。《中国》与同时期同题材的其他作品最大的不同是它采用了“他者”的叙述视角，导演作为意大利人，采用的是第三人称对中国话题进行探索。而作为西方国家背景出身的导演，当时的西方国家对中国是存在一些“乌托邦”式的幻想，对于中国的拍摄与记录也会与中国人自己的期待存在出入。因此在进行国家形象宣传时，尤其是以纪录片的形式，叙述者的视角就显得至关重要，选择“他述”“自述”还是“合拍”都是值得探讨的议题。另外，当发现宣传的效果与期望不符甚至造成不实影响时，应当采取更加妥善成熟的手段进行处理。《中国》在播出后，由于片中所呈现的中国形象与中国政府的期望大相径庭，中方当时采取的是激烈的批判与全面封禁的处理方式。在现在看来，这样的处理方式实在算不上成熟妥当。尤其在信息网络高度发达的今天，一味地封禁已经无法达到效果，甚至可能会造成完全相反的影响。因此在遇到此类情况时，应当考虑采取更加妥善的应对方法，很多时候“疏”利于“堵”，在面对不良影响时，勇于面对并进行正面的舆论引导会达到更好的效果。

3.2　1978—2008 年他塑为主、自塑为辅阶段

3.2.1　1978—2008 年中国国家形象宣传片简况

1978 年，中国开启改革开放的历史新时期。国门的敞开带来新的理念，给宣传带来新的机遇，因此，与国外合作拍摄宣传片成为这

一阶段的主要制作模式。一方面，世界对刚开放的中国知之甚少，只了解中国地大物博，历史悠久，曾取得光辉灿烂的成就，急需掀开其神秘的面纱；另一方面，经济的发展推动社会的进步，物质上的满足推动人们思索人文的价值，追求精神上的富足。在这双重因素的影响下，“带有民族象征意义的山川河流以及长城运河等”（何苏六，2005：34）自然景观、历史遗迹和人文景观，作为集体记忆的载体，自然成为合拍宣传片最佳的对象和载体。1980 年，中国中央电视台（CCTV）与日本广播协会合作拍摄了第一部合拍纪录片《丝绸之路》，随后的几年，中国跟日方又合作拍摄了《话说长江》《话说运河》《黄河》《敦煌》等纪录片。1991 年，中央电视台和日本东京广播公司合作拍摄的《望长城》突破了纪录片语言的原有范式，采用实景拍摄、长镜头等新的拍摄技术，注重纪实，关注“活人”当下真实状态的创作理念，成为纪录片与专题片的分水岭，被称为“中国纪录片发展的里程碑”。这些宣传片结合历史，反映山河的变迁，融入现代的探索，既展示中国文化精神和中国智慧的凝聚，又显示探索现实，谋求发展进步的中国形象。1982 年，中央电视台、中国新闻社与英国、中国香港地区的影业公司联合拍摄系列纪录片《龙之心》，其内容涵盖中国的历史、文化、风土和民情。2008 年，中央电视台和英国广播公司（BBC）第一次联合摄制的《美丽中国》（*Wild China*）问世。该纪录片使用航拍、红外、高速、延时和水下等先进摄影技术，展示了中国的野生动植物和自然人文景观，荣获第 30 届“艾美奖新闻与纪录片大奖”最佳自然历史纪录片摄影奖、最佳剪辑奖和最佳音乐与音效奖，把中外合拍片推到一个新的高度。

在中外合拍宣传片的过程中，“他者”与“我者”之间由于文化背景、拍摄理念的差异，导致很多误会、误解、摩擦，甚至对立。此时的合拍，他者占据主导地位，主动与中国合作，提供资金、设备、人员。合拍更多表现为一方的“单拍”，拍摄理念、拍摄方式主要以他者为主。他们以旁观者的身份介入，探索感知现实，介绍展示所见所感，如《丝绸之路》的主持人同时也是介绍者、探寻者，走入沼泽淤泥中去探索感受曾经的丝绸之路。他者在“拍”，我者在“看”。“观看本身可以确立自我在周围世界的位置”（约翰·伯格，2015：4）。在合拍过程中，我者注视、参照，在冲突与磨合中寻找适合自己的方式。虽然拍摄理念与方式时有冲突，但当时“他者”出于对“我者”文化的好奇，而主动接近、探索，因而“他者”的拍摄立场是客观的，对拍摄内容多为肯定与赞扬，折射出他们对当时中国的态度：不甚满意现实状态，但钦慕灿烂辉煌的历史文化。这些纪录片共同塑造 20 世纪八九十年代中国的国际形象：一个具有悠久历史，孕育了底蕴深厚的民族文化的国家。

进入 21 世纪，中国的国际地位不断提升，对外交流不断深入发展，“他者”关注的内容也变得更加丰富，题材更加多样。为了更好走向国际，中国主动与外方寻求合作，此时的他者不再是主导者，而是真正的合作者。此外，中国纪录片经过近 20 年的发展，其创作理念与方式逐渐同国际接轨，所以合拍双方在平等的前提下，开始沟通对话，求同存异，合作关系更为融洽。这些中外合拍的纪录片是中国声音国际表达空间的延展，有助于外国受众了解中国的历史文化和现实社会，消除对中国的偏见，提升中国的文化软实力和国际形象。这让国家决策者充分意识到纪录片在塑造和传播国家形象方面发挥着极其重要的作用，把纪录片产业的发展提升至国家文化战略高度。

中外合作拍摄宣传片本身就是一种国际传播策略，具有诸多优势，是双赢的模式。一方面中方制作团队可以学习国外优秀制作团队的拍摄技术、创作理念、剪辑技巧和传播方式，提升自身的业务水平，同时借助合作方的影像技术拍摄出高水准的画面，依靠合作方的设计思路，拍摄出利于受众文化习惯接受的内容，享有合作方的发行和传播渠道，免除宣传片海外落地的困扰，从而达到宣传片在国际上有效传播的目的。另一方面，外国团队可以在中国境内拍摄制作纪录片，并借助中国方面的新话题，打开中国的市场，同时占领世界的市场。

在此期间，一些来自国外的导演也把镜头对准了中国，向世界讲述真实的中国故事。1989 年，英国导演菲尔·阿格兰（Phil Agland）开始拍摄《云之南》（*China: Beyond the Clouds*）（7 集），历时 5 年完成，于 1994 年在英国 4 频道播出。这部纪录片在世界范围内获得了巨大的成功，在英国本土的收视率超过了同期播出的电视剧，先后获得了很多奖项。全世界共有 80 多个国家和地区购买了它的播映权，让成千上万的人寻着《云之南》的故事来到了丽江，认识了丽江，也认识了中国。与此同时，中国政府和地方也因各种缘由拍摄短片，向世界展示中国的精气神。2001 年中国申奥宣传片《新北京，新奥运》（*New Beijing, Great Olympics*），助力中国申奥成功，向世界展示中国人热爱奥林匹克运动并且有信心、有能力办好 2008 年夏季奥运会。两年后，该片在第 21 届国际体育电影电视节上荣获三大奖项。同年，北京奥运会会徽宣传片《中国印·舞动的北京》（*Chinese Seal, Dancing Beijing*）介绍了具有中国精神、中国气派、中国神韵的中国文化的符号——中国印，体现了新北京、新奥运的理念和绿色奥运、科技奥运、人文奥运的内涵，再现了奥林匹克友谊和平进步、更快更高更强的精神。该片获得了第 22 届国际体育电影和电视节最高荣誉。2008 年，《筑梦 2008》（*Dream 2008*）纪录了中国人民期盼奥运会、准备奥运会的过程，实践了“同一个世界，同一个梦想”这一口号。该片荣获第十届美国纽坡特国际电影节的纪录片杰出贡献奖。这些宣传片和纪录片可能不算真正意义上的国家形象宣传片，但是借助举办奥运会这一盛事，走出国门，获得一定的关注，从而帮助受众认识中国，了解中国，构建了开放的、充满活力的、具有美好前景的中国形象。

3.2.2　个案分析：纪录片《美丽中国》

1.《美丽中国》简介

《美丽中国》是中央电视台和英国 BBC 首次联合摄制的纪录片，从中国的野生动植物和自然人文景观的角度出发，以《锦绣华南》《云翔天边》《神奇高原》《风雪塞外》《沃土中原》和《潮涌海岸》为题多角度、多方位讲述中国人遵循“天人合一”的古老智慧，与自然和谐相处的故事，展示了中国的文化魅力。该片通过 BBC 享誉国际的“野性（Wild）系列”的吸引力，强大的发行渠道，在国际上快速构建了良好的中国国家形象，掀起了中国热，同时荣获了多个国际奖项。

2.《美丽中国》的多模态话语分析

（1）《美丽中国》的文化层面分析

改革开放后，中国经济的飞速发展引起国际社会的广泛关注，越来越多的民众想要了解这片古老而又充满活力的热土，想要拍摄中国题材的海外机构也越来越多。同时，纪录片在国际市场发展势头迅猛，借助纪录片宣传中国是一个很好的机会，因此，中国摈弃早期保守的心态，再次向世界市场抛出了橄榄枝，选择跟世界著名新闻广播机构英国的 BBC 合作，制作《美丽中国》。在合作过程中，BBC 团队带来先进设备，高端摄影技术和剪辑理念，中国团队负责内容的制作。因此比起外国的独拍纪录片，《美丽中国》更能恰如其分地介绍中国的文化，其文化表达更符合中国的客观现实，也更容易让外国受众了解客观、立体、真实的中国。

《美丽中国》主要讲述人与自然和谐相处的故事，中国古老的智慧“天人合一”贯穿其中，塑造了中国是环境的保护者，文化的继承者和资源的发现者的形象。《美丽中国》有大量的镜头展示中国的壮丽河山，其亦是动植物的乐园，如与村庄毗邻的白鹭栖息地，在森林里生活和迁徙的黑叶猴。西藏这片较为原始的土地上，生活着藏羚羊、牦牛、黑颈鹤、温泉蛇，以及每年迁徙来的鸟等各种动物。该片在介绍秀美山川的同时，穿插了中国各地区特有的民族风貌和风土人情，每一集都试图呈现中国不同区域的独特景观和人文。受众由此认识了热情好客的傣族、马背上飞驰的蒙古族、多才多艺的维吾尔族、能歌善舞的哈萨克族、纯朴虔诚的藏族、渔猎为生的赫哲族和与驯鹿为伴的鄂温克族等众多民族及其民风、民俗。片中展示的中国民族文化丰富且多元，各民族的传统和风俗得到尊重和保护、继承和发扬，表明中国是文化的继承者。片中，生活在这片土地的人们在认识、开发周边世界的同时，充分利用其资源改善生活。竹笋成为人们餐桌上的美食，鸬鹚成为漓江上渔民的好帮手，而基诺族在开拓森林的过程中，找到了美味的丛林蟹等，这些都表明中国是资源的发现者。

不过，面对相同的主题，合拍片《美丽中国》的拍摄方英国BBC是“文化他者”，而中国央视是“文化我者”，由于BBC版本和CCTV版本的受众不同，因而一些涉及议论、抒情、评价等主观性质的解说词有所不同。纪录片开篇第一句，BBC版本为“最后一个隐秘的世界——中国”，从“外视角”角度，以“探秘者”的形象揭开中国的神秘面纱，吸引受众；CCTV版本为“这是一个充满生机的国度——中国”，从“内视角”角度，以热爱、自豪的口吻讲述自家的故事，拉近与受众的距离。面对环境污染，作为旁观者的BBC从审视的角度，发出担心、疑问，甚至批判的声音，但是，CCTV 版本则呈现中国勇于面对现实，以坦诚的态度介绍近几年中国在环境保护方面所做的努力。

（2）《美丽中国》的语境层面分析

这是中国与英国纪录片制作团队的首次联合制作，拍摄地在中国，说明了纪录片得到了中国政府的支持。在拍摄过程中，纪录片记录了一些高原、山川、自然保护区里珍贵动物的生活环境、习性，而其中一些地方需要提前办理相关手续，才能获得拍摄许可，比如在喜马拉雅山的拍摄就需要办理边防证。因此，这部纪录片的拍摄是有组织、有安排的，叙述的内容较为正式。《美丽中国》拍摄时间长达四年，拍摄地域广，从长江以南的稻米之乡，到酷热的西双版纳雨林、极寒的珠穆朗玛峰，从长城到黄河、蜿蜒曲折的海岸线，从青藏高原到吐鲁番盆地，涉足中国 50 多个国家级野生动植物和风景保护区，记录了 30 多个民族的生活点滴。制作团队把镜头对准了中国丰富的物种群落和壮美的地貌景观，以及多元的风俗民情。

《美丽中国》虽是以文化他者身份摄制，但其态度并不是傲慢的，视角也并非俯视，而是以讲故事的形式，将中国这片神秘壮美土地上的各种动物、普通民众生活点滴展示出来，通过制造悬念和戏剧冲突，吸引受众的注意力。如将扬子鳄孵化的紧张过程通过一波三折的故事情节呈现：被人盯上了—时间快没了—做最后一次推挤—总算自由了，但来访者并不是它想象的。每一个个小故事中都蕴含着“保护环境、维护生态和谐”的人类共同价值观，用事实来启发受众去思考。而面对中国的问题，BBC 版本也直言不讳，并在第一集开篇就提及这片美得令人窒息的土地同样面临着众多社会环境问题。该片在记录过程中，不时传递出对中国近半个世纪的发展持探究、质疑，甚至批判的态度，对中国未来的发展同样抱有希望与忧虑，比如将大象与工业化并存称之为“奇迹”，把中国老人打太极的手臂同建筑工地的机械手臂形成对比性的画面，发出“中国能调和人民对现代化的渴望与保护环境的长期需求吗？”这样的疑问。

（3）《美丽中国》的内容层面分析

英国 BBC 与 CCTV 合作创作的《美丽中国》既是展现动物，又是展示自然、历史、文化的解说模式纪录片。在解说式纪录片中，画面是主角，传达主旨，解说与画面配合。画面为旁白提供象征性的证据，针对性的背景音乐进一步渲染表达的内容，其间穿插动物或人发出的声音。该纪录片主要通过语言模态（解说词）与图像模态（画面）之间非互补关系中的交叠关系或内包关系进行作用，从秀美壮丽的自然风光、丰富的人文精神、独特的民族精神等方面向世界展示了一个既有历史传承又有现代文明动态发展的中国新形象。该纪录片还通过声音模态（背景音乐）对语言模态或者图像模态之间的强化关系构建壮美河山和丰富物种的形象。同时，语言模态（解说词）与图像模态（画面）之间有时也呈现互补非强化关系（协调关系、联合关系）和互补强化关系。此外，单一的图像模态（画面）建构了中国民族众多，生活方式多样性的形象。这些模态关系使《美丽中国》构建的中国形象层次丰富、立体多维。该纪录片见证了繁忙广阔的长江、壮观汹涌的黄河、雄伟的珠穆朗玛峰、险峻的黄山等名山大川风景，记录了平原、丘陵、山地、高原、盆地、湖泊、海滨等地形地貌，体现了繁华的国际性大都市和偏远山区的生活，向受众呈现了一个风景壮美秀丽、物产丰富、文化多元包容、人与自然和谐共生的中国。该纪录片建构中国形象技巧丰富多彩，体现在以下四个方面。一是因纪录片播放时间有限，有些形象能用图像直接构建的，就不再添加解说词。二是采用激昂的背景音乐来强化山川河流等雄伟壮观事物形象的构建。三是采用具有民族特色的背景音乐来强化民族众多、文化多元的形象构建。四是解说词中如有形容词对某事物形象进行概括性总结，该纪录片往往紧接着采用具体案例论证该形象。

（4）《美丽中国》的表达层面分析

在拍摄《美丽中国》时，英国纪录片制作团队带来了当时世界上最先进的设备和摄像技术，为展示一个真实细微的中国出了不少力。红外线光源技术发现了黑叶猴在岩壁攀援栖息时舔食壁间液体这一秘密，微距镜头和热成像仪记录了滇南魔芋吸引腐尸甲虫授粉的非凡过程，高速摄像头技术则捕捉到了渤海湾石岛蝮蛇的猎食行为。《美丽中国》拍摄团队请专门的音乐制作人为其配乐，传统民族乐器——笛子、古筝、扬琴、马头琴、鼓等，完美呈现了中华民族音乐的独特韵味，与纪录片内容相得益彰。例如片中鸬鹚捕鱼的场景，巧妙加入了鼓声烘托气氛，紧张激烈的鼓点音效把捕鱼场面烘托得犹如一场战役；当镜头对准内蒙古锡林郭勒草原的马群和羊群时，悠扬婉转的马头琴声响起，传递出蒙古民族勤劳、朴实的品格；当展示人们丰收的喜悦和劳作的日常时，笛子的悠扬之声便会响起；当镜头对准中国西南独具特色的喀斯特地貌——岩洞时，扬琴的独特音效带出了历史感和沧桑感。古老而又神秘的东方古国，在民族乐器的衬托下越发令人心驰神往。这也是《美丽中国》赢得第 30 届艾美奖新闻与纪录片最佳音乐与音效奖的秘密武器。

3.《美丽中国》中的多模态隐喻和转喻分析

（1）多模态隐喻在宣传片中的意义构建

“多模态隐喻场景的动态性、叙事性、鲜活性和普遍性特征”（赵秀凤，2011：1）使得隐喻意义的开放性解释成为可能。非语言符号的构成具有高度的空间性和动态性，使得多模态隐喻可以通过视觉延伸和镜头剪辑的方式来建构一个连贯的事件，其中的意义可以像故事一样自然而清晰地呈现出来。《美丽中国》主要向受众传达了以下四种多模态隐喻含义：中国是幅山水画、中国是个游乐园、中国是位哺育者和中国是个大家庭。

① 中国是幅山水画

《美丽中国》除了关于野生动植物和民族风情的展现，片段与片段之间还穿插着中国各地的山水景观，清逸壮美。宣传片开篇部分介绍了中国这块神奇而迷人的土地孕育了美妙无比的自然山水，其后的六集中画面分别呈现了大片的梯田、高耸的石林、云雾缭绕的桂林丘陵、庇佑万千生灵的张家界天子山、名扬天下的黄山、植被茂盛的云南群山等令人不胜感叹的山光水色。例如《锦绣华南》通过 1 分 46 秒的空镜头——画面中耸立的山峰直插云端，绿树成荫从地面延绵至山顶，蓝天、高山、流水，配合着恢宏大气的背景音乐，潺潺的溪流声、清脆的鸟鸣声，结合文字模态“Of these, the Tianzi Mountain Reserve at Zhangjiajie is perhaps the most visited by Chinese nature lover, who come to marvel at the gravity-defying landscape of soaring sandstone pinnacles.”将张家界天子山巍峨壮丽的景象生动地呈现在受众眼前。32 分 05 秒处，视觉上，上方是微微透亮的天空、金黄的云霞，下面是被树林包裹着的连绵群山、蜿蜒曲折的河流和颜色不一的田地。上浅下深的色调，金色和绿色象征着希望和生机；俯瞰的远景镜头结合中国特有的古筝和二胡演奏的民族音乐，给人一种旷达之感。三种模态相辅相成，通过源域“中国的天地山水景象”构建了隐喻目标域“中国是幅山水画”，每一帧都宛如一幅中国山水画。

② 中国是个游乐园

《美丽中国》重点介绍了中国近年来对野生动植物的保育和保护工作，形式多样，成效显著。人类社会的发展和扩张，占领了野生动植物的栖息地和生存空间，对它们的生存形成了挑战。但是，中国在追求经济社会高质量发展的同时，不忘对野生动植物的保护和大自然环境的修复工作，正是形式多样的保育工程保护了许多野生动物免于绝种。《锦绣华南》中的徐淑真和她的儿子照顾当地的鳄鱼已经快 20 年了。46 分 25 秒处，图像模态徐淑真面带笑容、小心翼翼地将刚刚出壳的小鳄鱼放归自家池塘，小鳄鱼们欢快又安逸地往远处游走；声音模态为徐淑真称被保护的小鳄鱼们为“my babies”，此外还有夏日的蝉鸣和小鳄鱼入水的划水声等同期声；结合文字模态“Little alligators, I'll put you in the water now. Eat your food so you grow up big and strong.”描绘出一幅和谐宁静的画面。《云翔天边》第 16 分钟处展现了高黎贡山上的生机勃勃、枝繁叶茂的“热带景观”。图像模态“大片鲜艳的杜鹃花尽情绽放，染红翠绿的森林，被其吸引而来的小鸟踩在树枝上采蜜”和声音模态“小鸟愉悦的叫声、风吹树林发出的摩挲声”。整个画面呈现暖色调，明亮且色彩鲜艳。这些图像模态和声音模态在文字模态的补充下，源域“中国野生动植物受到良好的保护，安逸的生活状态”映射出目标域“中国是个游乐园”的隐喻，生灵万物在这个国度自由自在地生活。

③ 中国是位哺育者

《美丽中国》纪录片记录了中国不同地区、不同生活环境的人和其他生物的生存方式和生活状态。约 960 多平方千米的国土面积，孕育了五千年的华夏文明，孕育了代代更迭的生灵万物。56 个民族以及成千上万个动植物种类，在中国这片肥沃的土地上扎根、繁衍，生生不息。《潮涌海岸》第 12 分钟处，成年男子敲锣打鼓，身着节日盛装的小女孩舞动手中的扇子，一个中年男子手持高香，在船头放置的贡品前虔诚叩拜。此时文字模态解释道：“Zhao hopes that by presenting gifts and showing respect to the sea goddess, he can help ensure a prosperous and safe year ahead for him and his crew.”欢快的锣鼓声和鞭炮声（声音模态），结合图像和文字模态，体现出人们对中国这片土地和大海的尊重，对美好生活的期待和向往。第 33 分钟处，伴随着一段节奏紧凑的中国传统鼓乐和箫声，一组延时镜头将簇簇茶树呈现在受众眼前。文字模态“Similar growing conditions all along the Fujian coast make this the treasure chest for China’s tea, the heart of an industry dating back almost 4 000 years.”直接体现了中国茶文化历史的悠久。而后的画面中，图像模态家养的山羊吃掉茶树周围的杂草，烈日下茶农们在茶树间隙摘取茶叶，面带微笑，动作麻利。整个画面明亮，色彩鲜艳饱和，体现出幸福和快乐的氛围。此处的声音模态为山羊的叫声、茶农之间的交谈声，给人以安逸的感觉。纪录片源域“大自然之中一切生物的和谐共存、美好生活氛围”通过图像模态、文字和声音模态，构建了“中国是位哺育者”的隐喻目标域，在中国这片土地上，万千生物被哺育生长。

④ 中国是个大家庭

“‘家’是一个温馨的字眼，能带给人安全感和幸福感，家庭对于个人而言是十分重要的。中国也习惯把人类赖以生存的星球看作一个生命共同体，把整个自然界看作一个大家庭。”（郜丽娜，2020：43）《美丽中国》共展现了 30 多个民族的生活故事。《锦绣华南》开篇部分，苗族人宋家一家人围在桌子旁吃饭，镜头上摇，伴随文字模态“But there is some surprising help at hand.”“In China, animals are valued as much for their symbolic meaning as for any good they may do.”解说的是远景和特写两组镜头：宋家客厅的天花板上刚刚冬迁的金腰燕正在修补巢穴。一家人说笑声和燕子的叫声两种声音模态，体现出人和燕子同住一个屋檐下，人和动物和谐相处。水稻播种时节，画面是村民们全部在田里帮忙拔苗、插秧，屏幕上出现字幕（文字模态）“All the

Songs' neighbours have turned out to help with the transplanting. It's how the community has always worked." 同时图像模态"金腰燕往返于田地和巢穴"配合字幕解说（文字模态）"While the farmers are busy in the fields, swallows fly back and forth with material for their nest"，配合着节奏鲜明且轻快的轻音乐，人和燕子都在为各自的"家庭"而忙碌、奔波。《云翔天边》第 14 分钟处，香格里拉一个集市上人来人往，伴随着文字模态"The immense valley is home to over a dozen ethnic groups. The markets bring the mountain tribes together." 画面中出现了各种不同装扮的人的面孔，背景音是集市上嘈杂的对话声、不同口音的叫卖声，令人联想到集市让山上不同族群的人相聚在一起。源域为"不同民族的人，人和动物，动物和动物都和谐地生活在一起"，通过三种模态构建了隐喻映射，构成了"中国是个大家庭"的目标域。

（2）多模态转喻在宣传片中的意义构建

根据认知语言学，转喻是意义扩展最基本的过程之一，是比隐喻更基础的认知机制，为隐喻提供经验动机，制约着隐喻的形成。在宣传片的语境中，多模态转喻是一个重要的认知过程，不仅表现出修辞策略，而且为多模态隐喻的形成提供经验基础，大多数时候使多模态隐喻的映射更加明显。因此，多模态转喻可以定义和表征接受者如何感知产品的现实状况。《美丽中国》中也运用了很多多模态转喻的表现手法，只有对中国的历史文化和社会发展有一定的了解才能准确辨识出其中所包含的多模态转喻含义。"多模态语篇画面中的很多事物都另有所指，在转喻认知机制的作用下，画面不仅能表达丰富的信息，而且能激活受众的各种感知。"（郜丽娜，2020：43）《美丽中国》主要采用了以下三种转喻模式。

① 个体代整体

"个体代整体"的转喻类型在纪录片中比较常见，主要通过文字和图像模态呈现。《锦绣华南》中开展小型保育工程的徐淑真、《沃土中原》中给小熊猫喂奶的饲养员、《潮涌海岸》中种植红树苗的志愿者等个体，以图像模态、文字模态和声音模态的形式激活了目标域“野生动植物保护者”。例如《神奇高原》第 38 分处，画面中一个小女孩端着一个小碗，面容和善地将碗里的青稞撒在地面，供面前受伤的丹顶鹤进食。文字模态“This bird has a broken wing and has been nursed back to health by the villagers. Such kind acts are common where people believe that helping other beings, animals or people, in this life may bring rewards in the next.”近景镜头里小女孩和受伤丹顶鹤同框，此时的音乐轻柔舒缓，丹顶鹤动作从容。同样，包括这只丹顶鹤在内，《美丽中国》中出现其他自然保护区内的动物们，例如麻阳河自然保护区的黑叶猴、鄱阳湖自然保护区的鸟、东北虎、北京鸳鸯等，以动态图像模态和文字的形式激活了目标域“受保护的野生动植物群”。比如《沃土中原》第 34 分钟，画面中一名男性饲养员正在喂养一只刚出生不久的小熊猫，一组由下至上的俯拍镜头里，饲养员面带微笑轻抚小熊猫，小熊猫则像襁褓中的婴儿，憨态可掬。结合文字模态“In 2006, the reserve reared 16 cubs, and there are now more captive-bred pandas at Wolong that can be safely released back into the shrinking wild habitat.”直接展现了中国在大熊猫保护和保育工程中所取得的成效。两类转喻的结合，通过“野生动植物保护者”和“受保护的野生动植物群”两个目标域的映射，共同体现了中国在野生动植物保护方面所取得的显著成效。

②具体代抽象

纪录片往往将具象的实体作为对象进行故事的叙述，却借其表达抽象的内涵和思想。受众需要对整条叙事线进行梳理，并结合相应的文化背景进行解读。《美丽中国》多次通过呈现人与动物的合作关系，如《锦绣华南》第 10 分钟处，画面一明一暗分别对应两个实体——宋爷爷和燕子。宋爷爷在暗处望着窗外，从远处飞来几只燕子落在屋檐上。文字模态“Each year, granddad Gu notes the exact day the swallows return. Miao people believe the birds’ arrival predicts the timing of the season ahead.”结合燕子欢愉的叫声和轻快的背景音乐，凸显了人们对燕子的欢迎和人们生产生活与燕子生活规律的联系。第 34 分钟处，水上，为将水下的鱼引出，渔夫们站在竹排上有节奏地跳着；水下，鸬鹚在互相配合下对出动的鱼展开追击，伴随着紧张的鼓声、渔夫的吆喝声和鸬鹚在水下穿行的水流声，以及文字模态“From the time it first hatched, each of these cormorants has been reared to a life of obedience to its master.”而后将给予鸬鹚一定的食物奖励。这体现了人和动物的友好合作关系。图像、声音和文字模态相结合，源域“人和动物之间的合作与配合”通过故事的叙述，激活了抽象目标域“人与自然和谐相处”。

③ 单个事件代复杂事件

《美丽中国》在展示中国的自然风貌和人文景观的同时展现了人与自然的相处关系，但纪录片时长和表现模态有限，难以将人与自然在发展和保护的文化背景下深层次的抽象关系一一具象地呈现。因此，《美丽中国》通过转喻，用单个简单事件象征性地呈现复杂事件。例如，《锦绣华南》第 18 分钟处，一组镜头由高往低俯拍，湍急的地下河水倾泻而下，激起大片水花。在阴暗的地下河谷，三名勘探队员头顶煤油灯缓慢前行。画面中水流湍急，水声浩荡（声音模态），阴暗的河谷中，勘探人员鲜亮的橙色衣服和头顶明亮的火光，映射出希望与光明。图像模态和声音模态将“勘探队员深入地下进行探索”这个简单事件概念转喻为：“中国人民奋发图强，不怕艰难险阻，勇攀高峰，不断向前探索保护与发展之间的平衡，谋求自然生态的和谐。”

另外，《锦绣华南》和《潮涌海岸》中分别出现了“一家人围坐桌旁吃饭，谈天说笑”的画面，以及纪录片结尾处，在夕阳下的河边，一个小孩子从右跑进画面，手里拉着风筝往前奔跑。这些图像模态，围坐在一起吃饭时的欢笑声以及小孩放风筝时悠扬大气的背景音乐，以及纪录片结尾的文字模态“If there is any country in the world equipped to solve environmental problems on the vast scale，it has to be China，with its tremendous human resources and powerful political control.”不同模态相结合以单个简单事件转喻了复杂事件，源域“中国在生态保护方面所做的努力和人们幸福的生活状态”映射了“中国近年来通过不断的努力，保护生态，维护自然生态平衡、促进资源的良性循环，人民过上了幸福美满的生活”的目标域。

4.《美丽中国》构建的中国形象

（1）壮丽的自然风景和丰富的物种

《美丽中国》通过真实的镜头去捕捉大自然在中华大地留下的绝美地质奇观、壮丽景色和记录生活在这片辽阔大地上的丰富物种。《锦绣华南》记录了大自然刻出的中国最精彩的地貌——喀斯特地貌，一个石灰石山峰耸立，到处是峭壁深洞的神话世界。沿着长江，可以看到扬子鳄孵化出壳，大鲵发出婴孩啼哭般的叫声，大足鼠耳蝠轻掠过水面捕食小鱼，贵州黑叶猴和黄山猕猴蹲坐在喀斯特山壁上嬉戏打闹，鄱阳湖的候鸟如千帆竞发呼啦啦飞过天际，身体半透明的盲鱼亿万年来悠游于漆黑的溶洞湖底，而鳞片上闪耀着阳光般金红色的龙现村鲤鱼则以稻田为家……《云翔天边》虽然只拍摄了云南，但是这里物种丰富：西双版纳的亚洲野象、白马雪山的滇金丝猴、高黎贡山的红腹角雉、无量山的黑冠长臂猿、思茅的大绯胸鹦鹉，还有憨态可掬的小熊猫、长相奇特的熊狸、啃食竹根的竹鼠和寄宿于竹筒中的小型蝙蝠——扁颅蝠，等等。云南仿佛包罗世间所有的万花筒，雪山竹海，密林深潭，承载着各种奇花异卉，使行走其间的动物也像这片土地那样披满了缤纷颜色。《神奇高原》以神秘辽远的青藏高原为背景，展示日夜守护这片心灵净土的异兽珍禽——盘羊、藏羚羊、藏野驴、野牦牛、蓝羊、黑颈鹤、凤头䴙䴘、温泉蛇，还有被中国古人视作介于动植物之间的冬虫夏草，寺庙僧人喂养的藏马鸡。朝珠穆朗玛峰行进，还能遇到生活在世界上海拔最高地方的昆虫：跳蛛。往东走，成千上万的迁徙鸟群围绕着中国第一大盐湖青海湖起起落落。《风雪塞外》涵盖了内蒙古草原、甘肃戈壁、东北密林、西部边陲等地区，拍摄了有以“魔鬼城”闻名的敦煌雅丹，凡间仙境长白山天池，也有荒无人迹的大沙漠。在这片广阔的土地上生活着野马、野猪、鹅喉羚、沙鼠、大天鹅、蓑羽鹤、沙狐和东北虎等。《沃土中原》以长城和黄河流域的中原为中心，镜头扫过这片曾经孕育过中华古文明的大地。在秦岭森林里依然如施过魔法般孕育着神奇的生物：大熊猫、金丝猴、羚牛，还有全世界绝无仅有的上百只被誉为“吉祥鸟”的美丽朱鹮。《潮涌海岸》记录了中国拥有的全世界第三长的海岸线。那里充满无数奇妙的鸟类和海洋生物，由北向南，会遇见翩翩起舞的丹顶鹤、以海草为食的大天鹅、飘浮于海面柔软发光的水母群、栖息在湿地沼泽中的麋鹿、飞往香港米埔越冬的黑脸琵鹭、长江下游的中华鲟和东海鳗鱼……这些镜头记录了众多美轮美奂的瞬间，唤起受众对此时此景的赞叹与向往，同时给受众留下不可磨灭的印象：中国是一个风景壮丽，物种丰富的国家。

（2）文化的多元和包容

《美丽中国》穿插了不同区域独特的民族风貌和风土人情，向世界展现了一个多民族融合、文化多元发展的中国。受众从《锦绣华南》认识了在梯田上辛勤劳作，协作互助的苗族，他们通过春天燕子归来的时间判定合适的耕作时机；从《云翔天边》认识了热情好客的傣族以及他们的泼水节文化，把滇金丝猴当作自己的祖先的古老淳朴的傈僳族，生活在巍峨群山，依靠吊索穿越河流的怒族；从《神奇高原》认识了纯朴虔诚的藏族及其尊重保护生灵、信奉人与自然“和合共生”的藏传佛教；从《风雪塞外》认识了少数民族中人口最少并以渔猎为生的赫哲族，与驯鹿为伴的鄂温克族，马背上飞驰的蒙古族，多才多艺的维吾尔族，能歌善舞的哈萨克族等众多民族以及民风、民俗。众所周知，中国有 56 个民族，每个民族有其风俗习惯、民族服饰、饮食偏好和宗教信仰。纪录片记录了傣族的泼水节，身穿传统服饰的民众和来自四面八方的游客互相泼水嬉戏，水花四溅，欢声笑语。其中令人印象深刻的是，一名身穿制服的中国警察也融入这欢乐的节日活动，彰显了每个民族的文化和特色得到相应的尊重、保护和传承。镜头也对准了怒江山谷的赶集日，来自不同民族的人们来到集市上进行交易，售卖自己的产品，购买所需物品，在这充满烟火气的活动中，不同民族文化互相渗透，交错融通。这些视觉模态表明众多民族和睦相处、和衷共济、和谐发展，充分体现了中华文化的多元和包容。

中国的饮食文化、中医、武术和龙图腾也给世界人民留下了深刻的印象。《沃土中原》中，受众可以感受到中国饮食来源的广泛性，中国人被戏谑为“任何有脚的都吃，除了桌子；任何有翅膀的都吃，除了飞机”，但是也能够感受到其中蕴含的民族精神和文化，那就是节俭、保健、融通和重礼仪。中国人不仅吃人工饲养的食物，如鱼虾鸡鸭牛羊肉，也吃野生动物，小到蜻蜓幼虫，奇到令人害怕的蛇，充分体现了中国节约的传统美德。人们吃蛇肉，不仅是在品尝其味道的鲜美，更为看重的是蛇肉的保健功效，因为人们相信蛇肉有助于清血，具有增强体质和美容养颜的功效，这体现了中国饮食注重保健的一面。《潮涌海岸》中，受众注意到水母大量繁殖，其他国家视为环境危机的现象，中国人却把问题转化为发展机遇，把水母加工成餐桌上的美食——海蜇片，显示中国能适应快速发展的自然和社会，即中国融通的生存之道。中国人注重礼仪，这可从喝茶窥见一斑。中国人喜爱这种带苦味的饮品，不仅是因为茶有特殊的保健作用，而且通过冲泡和茗茶过程中所产生的仪式感，传递主人对客人的欢迎，拉近主宾距离。《沃土中原》向受众展现了具有几千年历史的中国传统医学。中医通过诊脉，检查不同部位的情况，如观察舌苔、眼睛，开具处方，通过来自自然界的动植物，甚至矿物质作为药材，使体内对立而又互补的两股力量，即阴、阳重新变得和谐融合。中医中的阴阳学说反映处在和谐的宇宙中，人和自然相互影响的思想。人是宇宙的一部分，人的智慧源于自然和生活这一哲学思想也体现在武术上。少林功夫就是源于模仿飞禽走兽的动作，起到强身健体的作用，当练到炉火纯青的时候，某些动作能释放出超乎寻常的力量。纪录片中有嵩山少林寺僧人在寺院内练习鹤拳、猴拳、螳螂拳，并指导孩子们学习这些拳术的画面，穿插着白鹤舒展双翅，猴子在林中跳跃，螳螂挥动前臂的画面，既揭示了中国功夫与自然之间的密切关系，又揭示了武术是增强体质的实质。龙在中西文化中有不同的内涵，《沃土中原》借助新年中人们舞龙的活动来阐释中国人对龙崇拜是祈求风调雨顺，国泰民安，这一点不同于西方人对凶神恶煞的龙避之不及。画面中的龙，纸糊的外形，质朴的竹木骨架，颜料涂抹的花纹，无不散发出原始文化的稚气之美；震耳的鞭炮声，欢乐的锣鼓声，打着灯笼，跟随舞龙队伍游行的民众，无不洋溢着庆祝新年的欢乐。这些画面与声音直观有效地阐释与传播了中国的龙图腾，跟有些国家的图腾崇拜有着异曲同工之妙。中国人从大自然中获得启迪和馈赠，形成了具有自身特色的饮食文化、中医、武术和龙图腾，传递出中华文化的多元和包容。

（3）天人合一的生命共同体

人类和自然是生命的共同体，人类的生存依赖自然。生态环境无替代物，用之不觉，失之难存。保护生态环境和发展经济不是矛盾对立面，而是辩证统一的关系，不能将两者割裂开来，更不能相互对立。中国自古以来奉行“天人合一”的生存原则，《美丽中国》通过中国是环境的保护者、中国是资源的开发者和中国是文化的传承者这三个方面向受众展示了“和谐共生，天人合一”这一富有哲理的古老智慧。

① 中国是自然环境的保护者

《美丽中国》开篇就提到，中国是个充满生机的国度，拥有令人震撼的美景和丰富的物种群落。这里有世界上海拔最高的山峰、无边的沙海、冰雪极地、住着奇珍异兽的森林，辽阔的草原和富饶的海洋。伴随着旁白，夕阳下引吭高歌的丹顶鹤、蜿蜒的长城、似水墨画的漓江、烟雾缭绕的山峰等图像呈现在受众眼前。解说词紧接着说，这是一个史无前例的探索之旅，探寻生活在这里的人们如何与万物生灵相互依存，塑造了天人合一的美丽中国。从这些语言模态和图像模态，受众的第一印象就是，中国是个重视环境保护的国家，所以才能保存如此美丽多样的地貌景观，为各种各样的动植物提供栖息地和食物来源。随着探索旅程的展开，受众看到了诗情画意的漓江、奇山怪石的喀斯特峰林、鸟类云集的鄱阳湖，世外桃源的香格里拉……伴随着各种动物发出的声音，轻快而柔和的音乐和相应的文字说明，构建了中国是这些动物的欢乐家园的形象。

当然，纪录片还直面中国曾经在发展过程中所带来的环境问题。20 世纪末，中国的工业化进程在创造前所未有的物质财富的同时，也带来了令人触目惊心的、难以弥补的“生态创伤”。但经过中国自上而下的不断努力。生态保护的成效也逐渐显露。比如，《沃土中原》中，朱鹭曾因为水田与农民和谐共处，但农民为追求更具经济效益的生产方式，一度放弃水田种植。水田的减少，直接导致朱鹭栖息地面积的缩减，最终朱鹭数量锐减。后来，为保护朱鹭，为其提供栖息地，政府组织农民继续恢复水田种植，既保护了朱鹭，又改善了生态环境。《潮涌海岸》中，生活在崇明岛的金先生原本依靠捕猎鸟类为生，后经培训教育，现在成为一名野生鸟类保护组织的一员，靠着他的老本行，却保护了千百只珍稀鸟类。避免破坏动物生存环境的有效方法之一就是建立野生动物保护网格。中国政府从北到南，从东到西，为不同珍稀物种建立了保护区。《美丽中国》拍摄了中国 50 多个国家级野生动植物和风景保护区，如张家界天子山自然保护区、扎龙自然保护区、大丰麋鹿自然保护区等。《锦绣华南》中，画面呈现天子山的尖峰直耸云天，国家二级保护动物大鲵安静悠闲地生活在山间蜿蜒穿梭的小溪，结合文字模态"溪流中生活着非常珍稀的动物，……自然环境下，娃娃鱼的生命能延续数十年"，配上悠扬悦耳的背景音乐和汩汩的水流声，表明中国政府对于动物的保护力度很大，为保护濒临灭绝的物种建立保护区，构建了中国是自然环境的保护者这一形象。

② 中国是资源的开发者

中国地域辽阔，物产丰富，在保护环境和物种，保持人类赖以生存的生态平衡的前提下，各族人民充分挖掘、开发和利用资源，提高生活水平和助力经济的发展。在《云翔天边》中可以看到，哈尼族人栽种不同种类的竹子，利用成竹制作各种用途的物品，如桌子、竹篓、水烟筒。哈尼族人从竹林中采摘嫩竹笋，烤成一道美味的菜肴，以及用竹片编织物品，用水烟筒吸烟的画面，配合解说词和雨水声，砍竹子的声音，族人用当地语言不时交流的声音，传递出哈尼族充分利用所处的自然环境，挖掘和利用用途异常广泛的竹子，便利族人生活的意像。住在森林里的基诺族人对森林的植物了如指掌，知道哪些植物可以作为食材使用，哪些植物可以作为药材利用。基诺族人开发森林，拓展空间，为森林带去了阳光与多样化，使植物生长迅速。同时，这里的昆虫资源丰富，给养了不少以昆虫为食的动物。基诺族人掌握的关于森林的知识帮助他们在森林中找到植物之外的其他美味可口的森林食物——丛林蟹。基诺族人背着背篓摘植物叶子，开辟森林，在泥土中手挖丛林蟹的画面，结合解说词、空灵悠扬的背景音乐和基诺族人劳作时的说话声，传递出基诺族在保护和开拓自然资源的同时，获得自然馈赠的形象。

人们不仅挖掘、开发和利用资源，还能够创造性地利用资源，实现农户食品基本的自给自足。《锦绣华南》中，浙江龙现村的村民在稻田里饲养金鲤，这种具有 700 多年历史的稻鱼共生的生态养殖方式让农民同时同地丰收了鱼与米两大农产品，为中国农村农副产品的自给自足奠定了基础。片中人物老杨挑着竹篓，走向水稻成熟的梯田，在稻田放水，捕捉金鲤；然后在熏房熏鱼的画面，加上解说词、水流声、鱼在水里的跳动声，让受众印象深刻，折服于这种充满智慧的生态养殖。

③ 中国是文化的传承者

中国自古以来奉行“天人合一”的生存理念，为不同的动植物赋予美好的象征意义，如将白鹭等鸟类视为“吉祥”和“祝福”的象征。一系列人类与动植物的合作与互动画面，例如农夫赶着水牛耕地、天鹅帮助养殖户清理浮球上的藻类而不啄食海带、骆驼依靠穿越沙漠的能力帮助商人驮载货物等，配上轻快而柔和的音乐和相应的文字说明，向受众讲述人类与自然社会相互依存的合作关系。另外，人们也为保护动植物做了很多努力，如农民为了朱鹭恢复水田种植、哈萨克族人教会金雕捕猎本领后将其放归蓝天、志愿者海边种植红树苗……该片记录了从长江以南的稻米之乡，到酷热的西双版纳雨林、极寒的珠穆朗玛峰等，人类在其中不断调整与大自然的相处模式，向受众展示了中国“天人合一”思想的独特魅力。

中国人在从事农耕、狩猎、捕捞活动时，也传承着其中的风俗礼仪。《潮涌海岸》就介绍了出海打鱼的渔民们每年会举办一个传统活动开启新渔季，白天举行传统的开网庆典活动，通过祭祀，向海神表达敬意，祈祷风调雨顺，出海渔民的平安和丰收；晚上，在海面放纸船灯笼，向海神传达他们的美好愿望。客家人则沿袭当地的茶树栽培文化，把山羊放养在茶山，山羊不吃茶树，只吃茶树边的杂草，同时其粪便恰好给茶树提供了养分。客家人通常是一大家族聚居在土圆楼里，他们通力合作，完成种茶、采茶、加工、包装、销售等环节。茶既让客家人有一定的收入来源，也是待客必不可少之物，更为重要的是种茶、制茶提升了家族的凝聚力。相应的画面、解说词和背景音乐充分展现了中国人在从事这些活动时，继承了传统的风俗习惯，而“天人合一”的古老智慧存在于他们的日常生活中。

纪录片中出现的每一种动植物，如草原上的驯鹿、迁徙的候鸟、深山里的猴群、岩洞里的蝙蝠、珍贵的冬虫夏草、香飘四溢的山茶花……逼真的视觉语言让受众体会到生命的可贵与挣扎，更让他们体会到在地球上，动物、植物与人类一样拥有平等且珍贵的生命，人与自然是和谐统一的整体。《美丽中国》用特殊的叙事方式告诫人们：自然生物和人类平等地拥有一个地球，不是主宰与被主宰，更不是统治与被统治的关系（徐艳丽，2018：84）。此外，还通过人与动物的互动及融合，讲述了中国近年来对生态保护与社会发展关系的处理方式，向受众展示了人类社会与自然和谐共处的一面，构建了赏心悦目、天人合一、和谐自然的美丽中国形象，也让受众看到了近年来中国在保持经济发展与保护生态环境之间的平衡方面取得的显著成果以及在生态保护方面的决心。

5.《美丽中国》对我国国家形象对外传播的启示

《美丽中国》用它客观、真实的镜头表现了中国的现实社会，得到世界各国受众的青睐，已经有 60 多个国家和地区购买了此片的播映权。BBC 著名评论人简·本奈特（Jane Bennett）曾经说过："像《美丽中国》这样的纪录片一定会引起全球性的轰动，制造全球性的话题，它的成功不仅仅是一次偶然。"（引自徐艳丽，2018：85）《美丽中国》通过多种模态的配合，利用隐转喻的修辞手法，构建了中国是"山水画""游乐园""哺育者"和"大家庭"的隐喻形象，展现了中国独特的自然、人文景观以及中国自古以来"天人合一"的思想。《美丽中国》通过中外合拍模式，开拓融资渠道，从选题、策划到制作着眼于市场的需求，制作精良的系列作品，利用合作方成熟的市场营销体系等方式解决了制作资金缺乏、传播渠道单一，传播受众面窄，传播效果不佳等问题，探索出一条新的商业化发展道路，为我国本土纪录片的海外传播提供了良好的借鉴。

第一，了解海外受众文化背景和特点，制作出迎合其文化需求的作品。有统计数据表明，经济越发达的地区，观看纪录片的人就越多。针对经济发达的国际受众群体，纪录片因兼具纪实性、艺术性、教育性和娱乐性，较其他类型的影片更具吸引力。同时，纪录片是历史的见证，涉及的题材广泛，容易打破文化和意识形态的壁垒，进入国际市场，为海外受众接受。再者，随着中国经济的快速发展、国际影响力逐步提升和北京申办 2008 年奥运会成功，海外受众对于神秘而古老中国的历史文化和自然风光的兴趣与日俱增。因此，兼具自然和人文的纪录片是一条让世界了解中国的有效渠道，也具有独特的文化传播优势，是中国文化"走出去"的有效载体，对中国文化的传播和国际形象的塑造具有积极的促进作用。《美丽中国》是 CCTV 和 BBC 第一次联合摄制的作品，拍摄了中国 56 个国家级野生动植物和风景保护区、86 种中国珍奇野生动植物和 30 多个民族生活故事，展现了中国自然人文景观。该片也具有丰富的人文精神和全人类共同的价值观念，其主旋律是“和谐共生，天人合一”。片中每一个场景和情节都蕴含了丰富的人文精神，传递世间万事万物都是相互联系，相互影响的理念，人作为自然界的一分子，与自然是和谐统一的整体，应用实际行动践行“天人合一”的自然观，形成自然成就了人，而人也成就了自然，人与自然达到了一个互为成就的和谐相处状态。该片突破以往自然类纪录片以单纯的猎奇与对真实镜头的捕捉这一特点，将纪实的品格上升到思维的品格，以其厚重的人文精神来满足受众的文化需求。

第二，制作精良的系列作品。《美丽中国》选取野生动物作为题材，消除中西文化的隔阂，从“保护环境、维护生态和谐”的全人类共同价值观入手，结合中国传统的“天人合一”思想，呈现人与自然和谐相处的画面，讲述的是中国人民用实际行动保护自然的故事，但也让世界了解了中国的生态观，认可中国的环保行动的“野性系列”纪录片。拍摄历时 4 年完成，使用航拍、红外、高速、延时和水下等先进摄影技术，记录了大量珍贵、精彩的画面。作为优秀的电视纪录片制作公司，BBC 在纪录片拍摄方面经验丰富，风格独具一格，也有多年的跨国合作拍摄经验。但对于中国来说，与国外大牌媒体机构合作拍摄本国野生动物还是第一次，意义非凡（冯欣，2013：27）。该片突破以往外国人对中国的模式化看法，从国际视野的视角出发，使用高新技术，挖掘纪录片题材的深度和相关性，拍摄以“集群”为系列的六集纪录片。每集都是多种模态的完美体现和结合，将图像（各种先进技术和设备拍摄出的各类真实唯美画面）、文字（解说词）

和声音（旁白，动听的民族音乐，片中人物、动物发出的声音等）等模态的作用发挥到极致，在此基础上将其通过不同的手段加以结合，不同模态之间的组合呈现出非常震撼和立体的效果。每集在多种表达模态的基础上，注重隐转喻等修辞手法的运用，通过镜头语言和脚本的设定，让单薄的音视频文字等模态，在相互融合的基础上，承载更多文化精神和深层次内涵。该片改变了以往中国纪录片的拍摄设备、器材、技术、技巧等落后状态，让我国的制作团队不断加强与高水平制作团队的合作与交流，学习纪录片等影视作品的拍摄手法和理念，把中国故事讲好，塑造更加生动立体的中国大国形象。

第三，开拓融资渠道和市场营销体系。自然类纪录片拍摄周期长，对拍摄设备、器材要求更高，需要专业化人才拍摄，具有一定的风险，从包装到制作都需要大量的资金投入，成本高，但投入产出比较低，因此，国内鲜有人涉足。要拍摄自然类纪录片，融资是首先要面对的问题。当时，国内纪录片的融资渠道主要有两种：一是以央视和地方台为主的官方媒体投资，二是各种影视传媒公司的企业投资。由于中国纪录片的节目收视率低，销售难，广告收入少等原因，难以吸引各种民间资本投资。但在国际市场上，自然类纪录片很受欢迎，有丰厚的资金投入，先进的设备和专业人员，此领域的发展迅速，形成的拍摄制作模式较为成熟，在叙事手法、表现手段、商业运作上也较为成熟，有很多质量上乘的作品。事实上，很多国家有专门的纪录片制作频道，如英国的 BBC、美国国家地理频道，等等。BBC 创作的“野性系列”动物纪录片是一个成熟品牌，风靡全球，在全球纪录片市场上占有很大的份额。CCTV 和 BBC 国际合作拍摄《美丽中国》，总投资人民币 7 500 万元，其中，BBC 投资 50%。资金的充足，是保证制作精良自然类纪录片的前提。拍摄制作完成，BBC 利用其国际形象与品牌影响力，并通过在全球经营的频道，向全球的广播公司隆重推出了这一系列片。由于国际伙伴的加盟，品牌效应显著，国际销售渠道得以畅通，经济效益有所保障，甚至在国际影视节中获得多项大奖。因此，这类纪录片的制作和营销应寻求广泛的国际合作，拓宽融资渠道和国际销售渠道。

中国纪录片的商业化发展，要解决融资、制作和营销等制约其发展的瓶颈。在这个过程中，我们可以认为，如果想要通过纪录片等文化载体传播中国形象，还需要改变传播视角、解决文化差异、尽可能消除文化干扰、减少因二次传播导致的文化误读等现象，从而增强传播效果，扩大传播范围。

3.3　2009—2016 年自塑为主、他塑为辅阶段

3.3.1　2009—2016 年中国国家形象宣传片简况

随着改革开放的不断深入和社会主义市场经济的不断发展，中国在国际社会产生越来越大的影响力。但是，中国的国家形象一直处于“他塑”的局面，极大影响国际受众对我国的正确认知，不利于提升中国的国际话语权。在这样的背景下，中国政府意识到国家形象自塑的重要性和紧迫性。为了回应一些国外媒体对中国制造的恶意诋毁，澄清国际受众对于中国制造的误解，中国商务部牵头制作的形象广告《中国制造，世界合作》为中国产品正名，于 2009 年亮相美国有线电视新闻网 CNN、美国头条新闻频道和国际亚洲频道。这是中国政府首次开展的海外传播，对中国产品的宣传起到事半功倍的效果。2010 年 7 月，国务院新闻办公室启动拍摄中国宣传片《人物篇》和《角度篇》，于 2011 年隆重推出。这是第一部真正意义上的宣传片，成为中

国在国际舞台发出其声音的一个标志。此后，中国加快推进国家形象的宣传，先后拍摄了《文化中国》《舌尖上的中国》《乡村里的中国》《你所不知道的中国》《不同方式游中国》《中国共产党与你一起在路上》《我是中国共产党　始终和你在一起》《今天我们这样爱国》等一系列纪录片，对于在国际社会传播真实、立体、全面的中国形象起了主导作用。

崛起的中国需要与国际社会进行更有质量的沟通与交流，中外合拍纪录片提供了一个彼此了解和合作的机会。2010 年后，中国与更多的国家合作拍摄，题材涉及中国现实社会的各个方面。这些合拍纪录片在平等、合作、对话、交流的前提下，从普通个体出发，从平凡普通或具有独特个性的中国故事中寻找中西文化差异的交汇点，发掘与目标受众的共鸣点。拍摄者通过亲身体验，用介入方式拉近与拍摄对象的关系，呈现真实的现实生活，更具有说服力与可信度。“触摸事物，就是把自己置于与他者的关系之中”（约翰·伯格，2015：4）。有影响的代表作品为中美合拍的《超级工程》（2013）、《鸟瞰中国》（2015）、《运行中国》（2015）、《我们诞生在中国》（2016）；中英合拍的《中式学校：我们的孩子足够坚强吗？》（2015）、《孔子》（2015）、《中国故事》（2016）、《中国春节：全球最大的盛会》（2016）；中澳合拍的《深潜》（2016）、《改变世界的战争》（2016 年）等。中外合拍纪录片有利于中国向世界讲好中国故事，传播好中国声音，有助于提升中国的文化软实力和国际影响力，在国际社会上塑造真实、立体、全面的中国形象。

宣传片对外传播开始阶段主要依赖传统的媒介渠道，如电视台、户外广告屏进行传播。为了顺应时代发展的需求，中央电视台于 2011 年 1 月增设了以播放纪录片为主的纪录片频道 CCTV−9。这是我国第一个国家级纪录片频道，也是我国第一个覆盖全球的中英双语纪录片频道，以展示、传播中国文化为主，让世界了解中国，让中国走向世界。通过这个平台，《舌尖上的中国》《美丽中国》《河西走廊》《第三极》等一系列经典的纪录片把中国的传统文化、自然风光、风俗民情呈现在世界观众面前，取得了良好的传播效应。随着网络技术的发展和新媒体的兴起，受众收视习惯的改变，宣传片借助网络媒介、社交平台等新媒体，多渠道、多方式传播到国外，获得了良好的效果。

3.3.2　个案分析：纪录片《舌尖上的中国》

1.《舌尖上的中国》简介

《舌尖上的中国》（*A Bite of China*）是中国中央电视台推出的、中国第一次使用高清设备拍摄的大型美食类纪录片，由《自然的馈赠》《主食的故事》《转化的灵感》《时间的味道》《厨房的秘密》《五味的调和》和《我们的田野》七集组成。该片以食物为主线，讲述普通人的烟火生活，用具体的人物故事展示中国各地的美食生态，从侧面展现中国饮食文化的源远流长和丰富多彩。这部纪录片一经播出便迅速走红，播出期间收视率居高不下，在豆瓣上的评分高达 9.4 分，引发各大媒体争相报道。在油管（YouTube）上，国外网友的好评率高达 95.1%，这引发国外的一些主流媒体的关注，也相继对其进行了报道。《舌尖上的中国》通过普通中国人的真实影像，讲述老百姓对美食和生活的美好追求，折射出中国人的家庭观、人生观和价值观，塑造了可亲可敬的中国人形象，也塑造了真实立体的中国形象。该宣传片用美食描述中国的社会生活，用极具中国特色的故事展现中国文化，在淡化意识形态色彩、建构国家形象及打造文化软外交等方面起到了积极作用，是用纪录片来彰显和提升国家软实力的一次成功尝试。

2.《舌尖上的中国》的多模态话语分析

（1）《舌尖上的中国》的文化层面分析

作为国家的相册，纪录片承担着历史、文化、社会等赋予其的功能与责任，对内起着承载国家文化内涵的延续作用，对外还承担着建构国家完整形象的重要使命。中国政府意识到国家文化形象是国家软实力的集中表现，建构好、传播好、维护好国家文化形象，对内提升全民族的文化自信，对外提升国际竞争力起着重要作用。不过，20 世纪 90 年代以来，受到全球化和消费主义的影响，电视节目日渐娱乐化。在这样的背景下，以真实性和纪实性为基本特征的电视纪录片遇冷，发展受到阻碍。中国人民大学公共传播研究所的一项调查数据表明，64.2% 的国际受众对中国的主要印象和记忆是改革开放带来的经济快速发展。由此可见，我国文化形象在国际社会的建构与传播，也是亟待同步进行的战略行为，关系到中国在全球化背景下明确文化身份、在全球多元文化格局中寻求文化地位等多方面的成效。2010 年国家广电总局出台《关于加快纪录片产业发展的若干意见》，从国家政策层面支持和引导纪录片产业的建设和发展。2011 年 1 月 1 日中央电视台 CCTV−9 纪录频道开播，同步推出中英文两个频道（CCTV−9 纪录，CCTV−9 Documentary）向全球 60 个国家和地区 24 小时不间断地播出自然、地理、人文、政治、历史等主题的纪录片。在这背景下，引进播放国外优秀纪录片的同时，着手制作自己的电视纪录片，向外讲好中国各个领域的故事是当务之急。

在中国，自古以来就是民以食为天。中国人，上至达官贵人，下至平民百姓，无不对美食极其喜爱和推崇，从中体会生活无穷的乐趣和美好的意义。同时，饮食是维系人与人之间交往的一条重要纽带，以吃喝为主的宴席，其社会意义已远超美食享受，承担着联络宾客、增进情谊的作用，是以伦理为本的儒家思想的重要载体之一。几千年以来形成的美食文化使中国人养成了难以割舍的美食情结，并在其中体现饮食品质、审美体验、情感活动和社会功能等文化意蕴，形成了中国人独特的饮食文化。同时，饮食文化在形成和发展的过程中，融合了中国哲学思想、诸子百家的伦理道德观念、中医养生观念、审美情趣、民族性格特征、食品科技和文化艺术成就等元素，是中华民族传统文化不可或缺的一部分，在潜移默化中塑造着这个民族的品格，把握着这个民族的前进方向。《舌尖上的中国》应运而生，播出后，在国内外大受欢迎，于是有了第二季和第三季。

在当今全球化加速时代，出色的纪录片一定兼具跨文化的国际特征及本土化特征，在讲故事之外还须具备浓厚的人文关怀，唯此才能深刻打动人心。民以食为天，食以味当先，美食主题在跨文化传播中的全球普适性不言而喻，而中国的饮食文化，在世界民族文化之林是极为突出的。英国社会学家鲍曼（Z. Bauman, 2000: 1−10）指出，现代性的本质是流动，随着全球化进程的加速，世界范围内的资本、资源、自然、文化观念都处于一种长期流动的状态。而美食作为特色极其鲜明的一种文化符号在日益加速的跨文化交流中变得举足轻重。归根结底，一种文化与其他文化之间无法直接碰撞，而是人与人之间产生互动。《舌尖上的中国》展现的只不过是各地的小吃和普通民众的生活状态，是中华文化多元的饮食习惯。受众从可口的美食、温馨的故事中感受着各地区民族的风土人情、中华民族的生活智慧、千百年流传的文化传统，体会人与自然的和谐，家园的认同和文化的传承。《舌尖上的中国》通过普普通通食物的制作，展示中国看似平凡实则充满智慧的饮食，以中国美食的名义，让世界认识中国、了解中国、走进中国。

（2）《舌尖上的中国》的语境层面分析

中央电视台英文纪录频道的开播，其目的就是让世界更好地认识中国，因此，纪录片制作人就要考虑如何提高国外受众的接受度。《舌尖上的中国》制作团队对此达成一致看法：在制作过程中，要秉承着宣传和推介美食背后的人文情怀和历史文化为使命的创作理念。每集纪录片的拍摄前，拍摄团队都进行了大量的前期调研，再完成文案写作，确定拍摄的对象，提前踩点、选景、找寻拍摄对象。拍摄团队根据节目组制作的每集主题，选择合适的美食与故事，通过时间线的串联，故事线的衔接，做到从个体到主题的统一。因此，《舌尖上的中国》解说词大体上是正式的书面语，但是中间夹杂着拍摄对象的对话或者独白，明显带有口语特色，增强了文本的对话性和受众的互动参与感，提升了真实性和受众的融入性。同时考虑到跨文化传播，解说词采用了一定的话语杂糅策略。根据冯薇（2018：83）的研究，《舌尖上的中国》的话语采用了话语整合创新的语言表达方式，是一种传统与现代的话语杂糅体。该解说词融合高低语境文化的表达方式，表情时含蓄细腻温润，用四字短句等策略凸显文学性，感性而煽情，达意时巧用数字、科技术语等解释说明，理性而客观。

中国幅员辽阔，不同民族风俗相差甚远，如何能在短短的几集纪录片里展示中国美食文化的精髓与情怀是关键问题。《舌尖上的中国》第一季拍摄团队通过前期的大量调研，选了近 30 个城市或乡间拍摄地，南到云南香格里拉卓玛一家采松茸的画面，北到黑龙江绥化呼兰河金顺姬母女腌制泡菜，西到西藏白朗县桑吉家青稞酒的酿造过程，东到大闸蟹的故乡——上海崇明岛，当地居民利用河蟹制作鲜美的蟹黄汤包。其中，三分之二的拍摄空间在乡间，因为食物的生产采摘几乎集中在乡村地区，同时朴素的烹调方式最能体现食物的原汁原味。拍摄团队以长镜头、特写等方式展示美食的收获或者制作过程，用采访、对话、独白等方式讲述美食背后的故事，力图呈现多元的中华饮食文化及其风俗习惯，突出中国文化对“家庭”和“亲情”的高度重视，从家园认同上升到国家认同。

《舌尖上的中国》系列解说词吸引了大量关注，产生了一种新兴的网络语体“舌尖体”。作为展现中国饮食文化的作品，《舌尖上的中国》解说词辞藻不华丽，不咬文嚼字，而只是用朴素的语言讲解劳动者质朴的劳作，言语间充满了温度，饱含着深情，处处透着人文关怀，用背景音乐和画面触动受众味蕾的同时，也用话语调动受众的情绪和泪点。在《时间的味道》中，讲完做泡菜的金顺姬、经营腊味店的阿添、做了一辈子虾酱的郭奶奶的故事后，纪录片这样总结：“这是盐的味道、山的味道、风的味道、阳光的味道，也是时间的味道、人情的味道。这些味道，已经在漫长的时光中和故土、乡亲、念旧、勤俭、坚忍等情感和信念混合在一起，才下舌尖，又上心间，让我们几乎分不清哪一个是滋味，哪一种是情怀。”话语间充满着对自然的感恩和敬畏，对家的眷恋和对幸福生活的憧憬。同时，其解说词亦具有科学性特点。科学性体现在专业地解释中国美食中独特的腌制、发酵等制作方式，易让外国受众理解和接受，同时让古老的中国美食烹调方法获得了更加健康崭新的形象。比如在《转化的灵感》这集提及大豆转化成豆腐的过程：“那些原本让大豆尴尬的不利因素，膜蛋白酶制剂、不能被吸收的糖以及植酸，在中国人古老的转化手段中，都被自觉不自觉地消除了。豆腐的出现，让人体对大豆蛋白的吸收和利用达到了一种高峰。”膜蛋白酶制剂、糖和植酸、蛋白的吸收和利用等专业术语准确无误地说出豆腐的食用价值，传递出豆腐在日常饮食中占有一席之地。

（3）《舌尖上的中国》的内容层面分析

一般的纪录片都是由图像模态、文字模态和声音模态组成。对于《舌尖上的中国》来说，图像模态就是画面，文字模态就是字幕（解说词、对话、独白），而声音模态主要由解说词、背景音乐和同期声。

与此同时，该纪录片通过视觉（食物特写画面、色泽）和听觉（食物制作时传递出的声音），会触发受众的味觉，即一边看一边流口水。在这些模态中，视觉模态和文字模态是主要的模态，它们构成互补关系，共同构建意义。一方面，视觉模态加强、突出文字模态所传达的信息，同时扩充文字模态无法传达的具体信息，以帮助受众更好地理解。比如，《我们的田野》里，文字模态“体现群体协作和分享的长街宴”，加上村民们一起耕种、收割糯稻、准备新米节（庆祝稻米丰收设置的节日）食物等画面，突出了长街宴的特点：群体协作和分享。村民们搬出自家的板凳、矮桌，在门口排起一长排的桌凳，将各种颜色的糯米饭、腊鱼、卤鸭等食物摆上桌，唱着歌，喝着炜酒欢庆新米节，则进一步补充说明村民们庆祝的形式。另一方面，视觉模态联合文字模态共同构建意义。文字模态表达了拍摄对象的概念意义，而图像模态中，拍摄对象的动作、表情等传递人际意义，两者模态共同完成与受众的互动。《转化的灵感》里，文字模态有时对图像模态展示的内容进一步加以解释，帮助受众理解画面。在意义的构建上，声音模态突出了文字模态和图像模态所传达的信息，利于受众接受纪录片的主题信息，感知信息背后的含义。同样，嗅觉模态突出了文字模态、图像模态和声音模态所传达的信息。这些模态共同形成互补关系，以强化或者非强化的方式，通过不同地区、不同民族的事物和风俗习惯，构建起中国人自成一体的家庭观念、人生态度、文化传承，乃至人与自然的相处之道。

（4）《舌尖上的中国》的表达层面分析

《舌尖上的中国》系列在画面表达方式方面借鉴了现代电影的许多长处，许多精巧别致的小镜头成为片中的亮点，灵活不规律的机位、各种景别的运用，使得场面刻画更加灵动。片中大量使用近景，远景和全景不多，并且常常直接由远景转换为近景和特写，节奏明快、色彩鲜明，视觉冲击强烈。解说词的解释与说明语调和语言追求细腻、精准和朴实，既给受众带来亲近感，又能调动他们的情绪。拍摄对象的对话或者独白帮助传达纪录片主题所表达的信息；背景音乐与场景相搭配，集合了轻重缓急的旋律，有利于强化特定场景叙事进程中的节奏；激发受众食欲的因素，除特写画面、色泽、气氛之外，还有音效。当清新的粽叶与粘黏的糯米分离时那一瞬间的声音，单靠现场收音是不够的，于是声音设计师就根据现场声音进行了拟音，从而在真实的前提下，放大了受众听觉的感受。

3. 多模态隐喻在《舌尖上的中国》中的应用

纪录片主要通过图像、文本和声音形态向受众传递信息，引导他们思考和解构。基于巴特对图形关系的论述，福塞维尔（C. Forceville, 1996: 71）强调了“语言和图像之间的互补和互动关系”。其他模态形式，如音乐和色彩，都对隐喻效果起到辅助作用，进一步增强了话语的整体效果。《舌尖上的中国》向受众传达了六种主要的多模态隐喻：味道即人心、美食是一种意境、美食是一种哲学、美食是一种情感、美食是一种礼仪、美食是一种传承。

（1）味道即人心

口腔中的食物刺激味觉器官，激发味觉感受。在中国，人们普遍用酸、甜、苦、辣、咸来形容食物的口感。这些味道不仅代表食物的味道，更象征生活和生命。其中，“甜”代表着幸福和喜悦，“酸”和“苦”则形容人生中的荆棘和坎坷，“辣”则传递着热情和活力，“咸”则象征着向往与期待。然而，人们对苦味最为敏感，且很多人认为“苦”是一种不愉快、难以接受的感觉。相反，“甜”味则常常引起令人舒适愉悦的感觉。这种关系在中国成语中有所体现，如“苦尽甘来”，清晰明确地表达了苦与甜的关联。在《自然的馈赠》一集中，卓玛一家以及其他采摘松茸为生的村民，在采集季节的清晨就已经开始了忙碌的工作。卓玛说：“如果不早出来的话，别人在我前面，我就什么都找不到，别人把全部（松茸）都拔走了。”此时的图像模态是灰蒙蒙的天空和草原，声音模态是略显沉重的音乐，伴随着微弱的说话声——和卓玛一样准备前往森林的村民，远处的狗吠声——凌晨时分被惊醒的犬，还有摩托车远去的马达声。这些图像和声音模态相辅相成，塑造了为了生活而不畏艰难、辛勤劳动的人物形象。松茸生长环境严峻，数量有限，捡拾全凭运气，加上收购要求严格，使捡拾松茸的牧民们在雨季里变得异常辛苦。生活的不易没有表达在字幕里，而是隐藏在了乌黑的夜色和渐渐消失的摩托车声里，以及由在森林采集松茸时的欢快音乐变为低沉的音乐里。尽管如此，较于对生活的抱怨，卓玛和妈妈脸上更多的时候却是辛勤劳动后的幸福之情。在艰苦的捡拾过程中产生的疲惫和酸痛是苦，在拿到属于自己的报酬时脸上溢出的笑容是甘，这大概就是苦尽甘来。

片中还有很多普通人物令受众感动不已，例如《自然的馈赠》中对湖北职业挖藕人的介绍。该集用 26 秒的镜头呈现了乌黑夜色下广阔的湖面，中间是一群在夜色中奋力划船前进的挖藕人，两边是笼罩在黑暗中的芦苇，伴随着潺潺流水声和气喘吁吁声。此时的旁白说：“圣武和茂荣是兄弟俩，每年湖水下降时候，他们都会来到嘉鱼，开始迎接一项艰苦的工作。”在第 23 分 09 秒处，挖藕人用尽全力挥动工具朝淤泥挖去，伴随着荷花凋谢后的一片枯黄色以及严峻的背景音乐，字幕显示：“这种植物生长在湖水下面深深的淤泥中，要想挖到并不是容易的事。”此时的画面是接近黑白的色调和没有生机的枯黄色，结合文字和声音模态，呈现了勤劳的挖藕人形象，也隐喻了生活的不易。但是当圣武茂荣两兄弟提及“我家里盖房子的钱，孩子的读书钱全是我挖藕挣的”的时候，脸上洋溢着的骄傲和幸福是疲惫所不能掩盖的，这也是一种苦尽甘来。

他们都深刻体会了劳动的艰辛，却仍然愿意用自己手艺来赚取微薄的收入，因为他们相信："苦"是一种习惯了在逆境中坚守的信念，"苦尽"之后总会"甘来"。在中国悠久的饮食文化里，"味道"既源于所种植、采摘、烹饪、品尝的食物，又超越了食物本身，能真切地体会到个中滋"味"的，不仅是舌头和鼻子，更是我们的心。纪录片采用了前后对比强烈的画面，如白日里郁郁葱葱的森林和凌晨时分乌蒙蒙的天空，并配以跌宕起伏的背景音乐，体现出"味道即人心"这一深层隐喻。

（2）美食是一种意境

饮食反映了人们的生活方式、审美情操和思维观念。中国人认为饮食是一种舌尖上和精神上的双重享受。国人擅于从饮食中探索自然，更喜欢透过饮食来体会人生百味。《舌尖上的中国》选取我们日常所见的普通食材，通过美食的具体制作过程淋漓尽致地展现了国人返璞归真、清新脱俗的审美情趣。

纪录片的片头结合了中国山水墨画中的墨迹点染，行云流水般的方式慢慢地渲染出一道道美食，并搭配以悠扬的音乐，不仅彰显食物香气弥漫的质感，同时也调动了受众的味蕾神经，更十分巧妙地展现出中国饮食文化与艺术的融会贯通，形成独一无二的意境。春秋战国时期，大豆已经常出现在人们的日常食物中。而在中华几千年的历史文明中，在很长一段时间里，大豆作为主食流转于餐桌。在《厨房的秘密》一集中，就介绍了扬州名菜"文思豆腐"。第 12 分钟处，镜头展现了切豆腐丝的画面，解说词娓娓道来："细如毛发的豆腐丝，被放入清水中润开，这种云雾般的形态常常被形容成中国山水画。"当说到中国山水画这几个字时，画面切换成一个特写镜头：在一个深色的木制大碗中，盛满了清水，为这幅山水画打好了最天然最质朴的底，之后主角——被切成细丝的豆腐在清水中慢慢舒展开来，千丝万缕，如烟如雾，宛若一幅水墨画，充满了灵动和美感，给这普通的食物注入了生命力。

用虚景来代替实景，通过抽象的符号来展现具体的食材，这是中国美学中一个具有独创性的概念——意境。意境往往通过抽象的事物来表现，其中最有代表性的例子就是片头的画面，“一副筷子夹住一片腊肉，形成了一幅山水水墨画”（图 3-2）。将山水与腊肉的肌理相结合，构建出美食中国的画面。中国人的意境是一种难以言喻的共鸣感。纪录片运用了中国山水墨画，配以优美的解说词和细腻的画面，加以悠扬的音乐，构建了独一无二的意境，并以此阐述中国人心中的美食不仅是指舌尖上的满足，更是触动内心的一种难以言表的感觉。

（3）美食是一种哲学

中国传统自然观中“道法自然”与“人定胜天”是和谐统一的。单纯的“道法自然”观点或是单纯的“人定胜天”观点都无法让人类在自然界可持续地发展下去（谷兰，2017：80）。《舌尖上的中国》中就体现了这两种自然观念的和谐统一。《自然的馈赠》一集中，卓玛和妈妈在采摘完松茸后，用松针把菌坑盖好时，图像模态是卓玛用手轻拍覆盖着菌坑的松针，周围是生机勃勃的森林，声音模态是清脆的鸟鸣声，此时旁白说道：“把菌坑掩盖好，以此来延续自然的馈赠，因为破坏菌丝就相当于杀鸡取卵，后果就是同一个菌坑再也不会生长出珍贵的松茸，这是当地采摘松茸的规律，也是大自然的规律。”整幅画色彩明亮，色调温暖，营造了一种和谐温暖的氛围。在对查干湖畔渔民们的描写中，受众可以看到镜头下是网眼稀疏的渔网，在网里尽是五年以上的大鱼。此时，响起了庄严的背景音乐，解说词道：“为了保护幼小鱼苗的存活，郭尔罗斯蒙古族有一句话叫作‘猎杀不绝’，这样的传统一直代代相传。”声音、画面和文字相辅相成，共同构建了一个敬畏自然，尊重自然的中国形象。

在《我们的田野》一集中说道：“从严寒荒芜的高原，到高楼林立的都市，哪里有绿色的生机，哪里就有天与人的和谐。”在贵州省从江县生活着的侗族、苗族和壮族等少数民族，自古以来一直延续着靠山吃山、靠水吃水的生活方式。在对下尧村的介绍中，镜头呈现了从山脚延伸到山顶的梯田，绿油油的或是金黄色的糯稻，以及正在收割糯稻的村民。图像由上到下，由远及近变化并伴随富有特色的民间音乐。镜头拉近，鱼在稻田里摆动身躯，鸭子穿梭于稻秆间，嘎嘎嘎地叫着，字幕显示“鱼和鸭可以帮助糯稻清除虫害，而它们的粪便又能给稻禾提供充足的养分”。这样的种植、养殖方法又是利用生物链自然规律，突破自然局限的人定胜天的中国传统哲学的体现。纪录片的源域“人们尊重自然规律，利用自然规律的行为”通过图像、文本和声音模态映射了“美食是一种哲学”的隐喻目标域。

海德格尔（1993：84）在代表作《语言的本质》一文中提出了著名的“天、地、神、人四方游戏说”。这些故事真实生动地展现了中国人追求“天人合一”、与自然和谐共处的哲学思想，与海德格尔提出的“诗意的栖居”理想相呼应，着力突显人与自然、社会的和谐共处。“美食是一种哲学”这一隐喻通过真实细腻的画面、富有特色的背景音乐和生动优美的解说词得以完美呈现。

（4）美食是一种情感

《舌尖上的中国》能够如此受欢迎，另一个重要因素是蕴含了人类最丰富质朴的情感，即不管受众出生与背景如何，在观看时都会被片中的情感所触动，从而与人物产生强烈情感共鸣。在这部纪录片中，有难以割舍的故土之情。《时间的味道》记录了故乡对于金顺姬的意义。在第 6 分钟处，妇女们在一起腌制泡菜，抹上辣椒粉的泡菜变得色彩鲜艳，在颇有节奏的打击乐中，腌制好的泡菜叠得越来越高。对于从小在呼兰河边长大的金顺姬来说，泡菜的味道最好地诠释了故乡对她的意义；腌制过的泡菜在发酵的同时，她思念家乡的心也在不断发酵。当她在描述家乡时谈到了紫色桔梗花。众所周知，朝鲜族人民对桔梗花的感情深厚，在温馨的背景音乐中，片中几次出现桔梗花海的镜头，和金顺姬手持桔梗花笑容明媚的画面，此时显示的旁白解说："我去（我国）西藏、韩国（的一些地方），很多地方都有这种花，偶尔会看得到的时候，就会觉得特别好，然后就会很怀念小时候的那种记忆。"图像、文本和声音模态所传达的实际是金顺姬思乡之情的隐喻表达。

该片也充满着令人潸然泪下的亲情。例如，《主食的故事》一集中，镜头记录了四代同堂的一家人围坐在餐桌旁的画面，桌上摆满了丰盛的食物，其中必不可少的是手打年糕。此时的图像模态是一家人围坐在餐桌前的温馨画面，声音模态是众人的欢笑声，在第 42 分 31 秒处，旁白说道："等宁宁长大，可能不会记得年糕的做法，但那种柔韧筋道的口感，承载着家庭的味道，也许会留在宁宁一生的记忆里。"正是因为有了这种纽带的存在，让离家的孩子们每年都有相聚的机会。阿公阿婆亲手做的年糕，承载着对子女浓浓的爱，也承载着家庭的味道，让每一个在外的游子难以忘怀。这些图像、声音与文本模态相辅相成，营造了温暖的氛围，传达美食中承载着亲情的隐喻。

宣传片同时呈现互帮互助和谐相处的邻里之情：在如今的城市生活中，邻里之间的关系变得越来越淡漠，以往互帮互助的现象在城市越来越少见了。《舌尖上的中国》通过对传统饮食的叙述，将那种和谐融洽的邻里关系又重新带回到人们眼前。例如，在《主食的故事》第 30 分 06 秒处，丁村人的寿宴上全村人都来参与和帮助，使寿宴得以圆满成功。在第 30 分 18 秒处，一项必须由全村人共同完成的仪式正在进行。吃面之前，挑出一根最长的放在寿星公碗里，要等他吃下这碗带着全村人寓意长命百岁的祝福，一场寿宴才算圆满。这样的例子还有很多，比如在宁波，做年糕时，左邻右舍都会出动相互帮忙；在东北，做酱、做泡菜时都少不了邻居的帮忙，当地的妇女们早就有了默契，轮流帮助每一个家庭制作大酱和泡菜；在西藏，青稞成熟时，为了赶在晴朗的日子里完成收割和晾晒，邻居都会赶来帮忙；在北京，当张贵春屋顶菜园里的瓜果成熟时，他也会将蔬菜赠与邻居，或邀请邻居们一起来品尝，分享丰收的喜悦。

美食的意义早已超越了单纯的味觉感知，而是一种将人联系在一起的纽带和情感，是传播情感的媒介。它不仅承载了家乡的味道，和睦的邻里之情，也代表一种逝去的美好回忆和浓郁乡情。更为重要的是，它勾起了关于儿时母亲的回忆，是引发无数游子潸然泪下的味道。“美食是一种情感”这一隐喻通过真实温馨的画面和暖心的解说词得以完美呈现。

（5）美食是一种仪式

“吃”是一种社会活动，也是一种从人们出生便耳濡目染、潜移默化成生活一部分的固定仪式。作为一种仪式，不同地域的食物制作、美食风格和食用方式风格迥异。纪录片以平实的语言配合自然的画面，将各地的美食仪式娓娓道来。《主食的故事》的第 30 分 50 秒处，镜头展示了秦腔剧团演员在舞台上表演，台下人头攒动的场面。然后，镜头切换，记录了台前台后的人们大口吃着臊子面的场景，并配有旁白：“这时候，一碗热气腾腾的、酸辣可口的岐山臊子面，作为台前幕后的最佳配角，是绝不可少的。”伴随着极具特色的唱戏声，反映了臊子面对于岐山人来说，不只是一种食物，更是一种不可或缺的仪式。

这样的例子比比皆是。兰州人都说，“自己的早晨是从一碗牛肉拉面开始的”，“擀面，是中原女孩子在成为女人的成长中，必须掌握的生活技艺”。诸如此类的话语呈现的正是源远流长的饮食习惯中的社会仪式。再如，每年晚稻成熟时就是宁波人打年糕的时候，顾阿公一家四代同堂终于能够聚在一起做年糕、享美食。人们在日复一日的吃饭仪式中，在难得一次的家庭团圆仪式中，内心的家庭观念得到了确认和强化。如今，美食“仪式”中人与人之间的利益关系也正在取代情感关系，酒店中各种生日、婚礼宴请，商业事务宴请取代了陕西岐山人举办的热闹而温情的“流水席”，美食蜕变为一种公关与运作的手段与路径。《舌尖上的中国》以美食重现传统“仪式”，唤醒那些即将消失在大众记忆中的传统仪式和温馨味道，并反思现在越来越陌生的社会关系。从这个层面看，该片不仅是传承，更是在保留和记忆这些美食文化。

（6）美食是一种传承

祁庆富曾说过：“传承是民俗文化的基本特征。然而，文化传承现象绝不仅仅局限在民俗学范畴，而是传统文化的根本性特征。传承的本质就是文化的延续。”（引自白亚茹，2019）饮食文化的传承就是把有关于饮食文化的知识以及经验延续下去，不会随着时代的发展而被淘汰，而是在社会的发展中向着更好的一面发展。中国传统饮食文化体现了古老民族的智慧，这其中包含了人民大众的实践经验、生活态度以及人生哲理。通过世代的传承，饮食文化才能够被后代人们所了解，而这一过程必须依靠群体才能完成，仅仅依靠个体是不可能完成的。

在《转化的灵感》一集中，在第28分22秒处的镜头呈现了方兴玉和大女儿在豆腐坊忙着制作豆腐的画面，此时的文字模态是：“如今，方兴玉把豆腐坊的大部分工作交给了大女儿，妈妈把她和豆腐坊的未来联系在一起。”伴随着大女儿搅动豆浆的声音，其意在说明豆腐制作手艺在一代代人手中的传承。同时大女儿所传承的毛豆腐制作手艺，不只是这种食物手艺的传承，也是一个年迈的母亲对自己女儿的爱。正如廖明君、邱春林（2010）在《中国传统手工艺的现代变迁》一文里所说："传统社会家庭作坊里，手艺人成才环境不容乐观，看得见的阻力来自'教了徒弟饿死师傅'的行业生存禁忌，看不见的阻力来自手工艺本身的不可量化。"而在今天，老师的授业传道是食物记忆传承的重要途径。在《厨房的秘密》一集中，在厨师学校教授厨艺的周赛群，试图把自己 30 多年的经验悉数教授给学生们，帮助他们成为掌握厨房秘密的魔法师。在第 35 分处，周赛群在为学生操作演示，学生们都聚精会神地听着、看着。此时的声音模态是灶台与锅的碰撞声，二者共同隐喻了美食是一种传承。而回到家里，周赛群和曾身为厨师的妈妈一起也悉心教导女儿为一家人烹饪饭菜，女儿也成了她的学生。开设创意餐饮工作室的董振祥，以自己多年的厨艺经验，在世界各地全程参与高级餐厅项目，把自己掌握的厨房秘密传授给他人。在这种类似师徒的传承中，记忆中的味道得以被唤醒和保留，中华传统美食的制作技艺以及厨师自身的经验也得以延续和发展。

4. 多模态转喻在《舌尖上的中国》中的应用

中国幅员辽阔，地域宽广，民族众多，从南到北，从东到西，跨度很大，各个地方的气候，地形地貌、风俗习惯都有很大的不同。不同的自然条件塑造了各地人不同的生活习惯，形成各自独特的饮食文化。《舌尖上的中国》在有限的时间里无法涵盖所有民族、地区的美食及其文化，只能依靠前期的调研和主题，有选择地选取一些具有代表性的食物和人物。通过这些代表性的食物和人物，激发受众联想到相接近或者相关联的同一个认知域的目标域，因此，《舌尖上的中国》采用多模态转喻手法，映射出其隐含的深意，而语言（文字、旁白和话语）和图像是其最重要的信息载体，是呈现转喻的主要手段。下面以《我们的田野》这一集为例，分析本部纪录片的多模态转喻构建。

仔细分析《我们的田野》，其多模态转喻类型如表 3−1 所示。结合这些转喻类型解读其映射的文化内涵。

表 3−1 《我们的田野》多模态转喻类型

类　　型	转喻名称	源　　域	目 标 域
空间域	空间部分—整体	■ 贵州省从江县下尧村，辽宁獐子岛、上海、江苏兴化，青藏高原的白朗县、北京	■ 中国幅员辽阔
时间域	时间—事件性质	■ 老夏夫妇每天给芋头浇水 4 次，每次浇够 1 小时，旺季时，一整天都要在垛田忙碌 ■ 2 000 年的海参烹饪历史，蟹作为食物有 4 000 年历史等	■ 种植食物的辛劳 ■ 中国历史悠久
行为事件过程域	次要事件—复杂事件	■ 左邻右舍前来帮忙收割青稞 ■ 水稻田里可以同时养鲤鱼和鸭子，用叶子汁给糯米染色，海洋牧场、垛田、屋顶的菜园等	■ 邻里互助的传统美德 ■ 中国人的智慧
集合域	范畴成员—范畴	■ 潘银少和黄兰荣、王书辉师徒、老夏夫妇、桑吉、张贵春 ■ 下尧村壮族村民、加车村苗族村民、日喀则藏族村民 ■ 糯稻、海参、鲍鱼、海胆、河蟹、芋头、青稞、屋顶上种的蔬菜 ■ 新米节、望果节、立秋	■ 中国各族各类利用自然界获取美食的劳动者 ■ 中国多民族 ■ 中国食物种类繁多 ■ 多样的民俗文化
图像转喻	外观—内质	■ 笑脸、皱纹、汗水	■ 乐观、朴实的生活态度

（1）转喻映射中国幅员辽阔、历史悠久、民族众多、文化多样

这一映射具体体现在以下四个方面。

① 转喻映射中国幅员辽阔。该纪录片利用空间域中的“空间部分代整体”转喻模型，以拍摄地从南方的贵州省从江县下尧村，到北方的辽宁獐子岛，从东边的江苏兴化到西边青藏高原的日喀则，加上上海、北京两大都市，包括农村和城市两大阵地，涵盖高山梯田、海岛、江河平原和高原的地貌形态，映射出中国地域辽阔，各个地区的地形、地貌、气候差异很大，种植养育出种类繁多的食物。纪录片中图像模态呈现的复杂多样的地理环境，截然不同的生活方式，加上文字模态“……从肥沃的冲积平原，到富饶的江河湖泊，从严寒荒芜的高原，到高楼林立的都市……”构建了这一转喻。

② 转喻映射中国历史悠久。该纪录片利用时间域中的“时间代事件性质”转喻模型，以文字模态为主，如：“1 000 年前，王小整的祖先们就发现，水稻田里可以同时养鲤鱼和鸭子。”“世界上只有中国人善于烹饪海参，这个历史甚至可以追溯到 2 000 年以前。”“在中国，蟹作为一种食物已经有 4 000 年了。”“世代流传的古老仪式，在日喀则已经延续了上千年。”这些文字配上相应的图像，构建中国历史悠久这一认知。

③ 转喻映射中国多民族构成。该纪录片使用“范畴成员代范畴”这一转喻模式，以纪录片中呈现的壮族聚居地村民的生活、劳动场景，日喀则藏族村民的日常生活片段，配上文字模态：“……贵州省从江县，侗族、苗族和壮族聚居的山区……”“……日喀则这里的藏族世代种植青稞，并以此为主食……”映射出中国民族众多，是个多民族构成的国家。

④ 转喻映射中国文化多样。该纪录片使用“范畴成员代范畴”这一转喻模式，以纪录片中壮族新米节的准备和庆祝场景，藏族望果

节的准备和庆祝画面，张贵春立秋时节请邻居吃饺子的场景，加上文字模态：“十月，是糯稻成熟的季节，壮族聚居的下尧村，正在迎接一个专为稻谷丰收设置的节日——新米节。”“望果节在青稞成熟前举行，是一年中最盛大的节日。”“今天立秋，贵春要请邻居们吃饺子，……，立秋节气，天气开始转凉，中国的北方人讲究吃饺子。”映射出中国文化多样，不同地域和民族有不同的节日饮食礼俗。

（2）转喻映射劳动人民的勤劳、朴实与智慧

在时间域转喻模型中，文字模态是：“……一天之中连续 6 个小时内，他和王书辉要上下往返数次，（王书辉独白：不停地上下，最高的纪录是，一天采捕海底下的扇贝，五六千斤），此时，书辉师徒已经筋疲力尽……”图像中显示的是师徒二人负重 50 公斤（戴着吸氧式头盔，穿着铁头鞋，绑着铅块，）来回跳入海中采捕，中间穿插着出现在餐桌上的海参、鲍鱼、扇贝等美味海鲜，反映出收获茫茫水域里的物产并非易事，但是采捕员们看到人们享用他们劳动得来的美食，感到自豪的朴实情感。两种模态共同映射出目标域：劳动人民从大自然中获得食物虽然不易，但是对于他们的劳动成果很自豪，表明中国人勤劳，质朴。

行为事件过程域的转喻模型中，从纪录片的每个拍摄地点和拍摄对象可以看出，这些源域利用“次要事件代复杂事件”映射中国劳动人民的智慧和勤劳，正如开篇的文字模态所言：“中国人说：‘靠山吃山，靠海吃海。’这不仅是一种因地制宜的变通，更是顺应自然的中国式生存之道。”纪录片先后显示劳动人民在高山开辟梯田，种植糯稻；利用大海养殖海产品；人工繁育河蟹；变沼泽湖泥为垛田种芋头；在高原上种青稞；把城市屋顶变成菜园；这些画面无不彰显劳动人民的智慧，他们因地制宜，用各自的方式巧妙地从自然界中获取美味。此外，纪录片利用图像转喻模式。通过频繁出现的笑脸，脸上的

皱纹和汗水等，以“外观代内质”的转喻机制，映射出劳动者勤劳、乐观、朴实的品格。

（3）转喻映射文化的传承

文化传承，“是指文化在民族共同体内的社会成员中作接力棒似的纵向交接的过程”（赵世林，2002：121）。关于美食的文化传承，主要指两个方面：一是将美食生产制作的传统技艺技法传授给他人；二是将蕴含在食物中的记忆、情感等隐性内容传递或深植于被传承者的心中。《我们的田野》充分利用行为事件过程域中的“次要事件代复杂事件”的转喻模型，展示中国饮食文化的传承。壮族人沿袭古法，用植物给糯稻染色，并以字幕点明“用植物给食物上色，是一种古老的智慧”，配上潘银少和黄兰荣用树叶汁制作黑色和黄色糯米饭的背景画面，体现出人们依旧使用这种古法传统制作食物。1 000 年前，苗族、壮族祖先们发现可以在糯稻田里养鱼和鸭子，现在，他们依旧采用这种耕作方法，几乎不用给土壤使用农药和化肥。从稻田里抓鱼和鸭子的画面和背景声，让受众看到传统耕作方式的优点，生产的食物珍贵。这两个事件的文字、图像和声音模态，共同映射出目标域：人们传承食物的传统耕作和制作方法。

在獐子岛，王书辉带着徒弟王德峰入海采捕，向他传授采捕技能。文字模态是：“王德峰是一名新入行的潜水员，他的师傅王书辉虽然也同样年轻，但已有 15 年的潜水经验”；图像模态是师傅向徒弟传授海底海捕的技巧，海浪声和渔船马达声是背景声。这些模态共同映射出目标域：传统的师徒制培养模式，保证了美食生产制作的传统技艺技法后继有人，传承了行业精神。在日喀则，一到收获青稞的季节，谁家的青稞熟了，左邻右舍都来帮忙收割，这种邻里互助的传统美德通过图像模态“沉甸甸的青稞立在麦穗上，大伙弯着腰忙着收割青稞”，文字模态是：“收获正值西藏的雨季，无论谁家的青稞熟了，邻居们都来帮忙，以便在晴朗的日子里尽快完成收割和晾晒”和收割青稞的声音，映射出目标域：人们用自己的行动默默坚守着农耕文明延续至今的传统情操和道德风尚。此外，上文提到的新米节、望果节等，是人们向自然的恩赐表达敬畏和感恩的时刻，而这种情感早已融入劳动者的血液，刻入劳动者的基因。

5.《舌尖上的中国》中的中国形象

美国政治学家布丁认为，“国家形象是一个国家对自己的认知以及国际体系中其他行为体对它的认知的结合”（引自张红军，2001）。央视纪录频道总监刘文说：“纪录频道的宗旨就是要让世界了解中国，为此，在这部纪录片的创作过程中，我们也力求通过国际化和市场化的途径，实现国际传播的探索。”（引自吴晓东，2012）因此这部纪录片直指的国际传播主体便是“中国形象”，通过塑造一个个丰满的人物，让“国家形象”从一个想象体转而成为纪录片中一个个以人物为主体的表现体，塑造了自信而朴实，独特而统一的中国形象。

（1）人物形象：自信而朴实

人物形象对国家形象的建构起着举足轻重的作用，一个成功的人物形象可以使其成为国家形象中最具吸引力的符号。将恰当的人物形象寓于国家形象之中，国家形象便能够得到生动立体的展现。《舌尖上的中国》讲述了来自各行各业的普通老百姓的关于食物的故事，呈现了他们的日常生活场景，展示了美食在他们生活中起着重要作用，彰显美食的魅力。在讲述故事的过程中，激活了一个个生动而丰满的人物形象，在他们的身上，国家形象和气质得以具体化。

在第二集《主食的故事》中，居住在陕北窑洞中的普通农民老黄，已经 58 岁了，在每年冬天最寒冷的两个月里，能卖出 15 000 个黄馍馍，除去成本，得到约 8 000 元的收入。纪录片记录了这一极具陕北特色的黄馍馍的制作、售卖以及食用的全过程。最令人印象深刻的是纪录片中老黄用一口地道的陕北方言叫卖、数数，以及唱着嘹亮的陕北民歌（声音模态）。在卖黄馍馍的时候，老黄对自己亲手制作的食物非常自信，声称他的黄馍馍是“绥德第一名”，“吃过的人都说没问题”。老黄不只对自己的手艺和作品充满信心，也对生活充满了信心：“五十八了，我要好好干”，“不干，懒的人没人给他钱”（文字模态）。此时的图像模态是在制作黄馍馍时和老伴辛勤劳作的身影，以及端着黄馍馍时朴实的笑脸。这三种模态相辅相成，共同塑造了老黄这个勤劳、自信、朴实的形象。

在第六集《五味的调和》中，在不下雨的日子里，晒盐人阿刘都在盐田里忙碌着。阿刘至今沿用着古老的制盐方法，纪录片则记录了水分蒸发，盐度饱和，实验结晶这一平静而自然的过程。尽管一年晒盐所带来的收入不过 1 万元，阿刘还是对自己晒的盐很有信心：“它很晶莹，很透明，这种天然的盐就比较好。”“盐是历史，说来说去我们是保护历史，我可以去外面去给人家打工，赚多一点点，辛苦是必然的啦。”（文字模态）阿刘朴实的话语，在盐场里忙碌的身影（图像模态）以及对自己晒的盐的自信，使这个朴实而自信的人物形象深入人心。

中国人口众多，通过讲述这些普通人的故事，《舌尖上的中国》把抽象高远的中国形象与默默无闻的小老百姓联系起来，温情脉脉地凸显出其清晰的轮廓——有无数个像老黄和阿刘这样朴实而又自信的人，坚持对劳动的热爱、对自己的自信和对生活的满足感，坚守传统——朴实外表下不失自信。

（2）美食文化：传统文化与现代特征相融

《舌尖上的中国》不仅记录了一个传统的中国，还向世界展示了一个变化的、发展的中国。总导演陈晓卿表示：“《舌尖上的中国》实际上有两个部分。一个是舌尖上的感动，另一个是变化中的中国。我们希望从中国人对美食的热爱里读到中国人对生活的热爱，从中国人对生活的热爱里看到中国社会经济的飞速发展。”总之，纪录片所传达给国内外受众的不再是难以理解的神秘古老的中国，而是中国之“变”。在《时间的味道》一集中，在第 28 分 22 秒处，旁白说道：“今天的火腿工厂，已经引进了现代化的生产设备。”镜头也呈现了各种现代化器械。在第 29 分 29 秒处，旁白又说道：“金华火腿正与金华这座小城一起，在时代中演变、迈进。”结合图片与文字，以金华火腿这一传统美食为切入点，火腿制作保存方法的改进与城市现代化的发展相连，体现了传统文化与现代特性的相融。

该片也体现出使用现代科技创新商业的一面，比如 1 000 多家拉面馆每天消耗 100 万碗以上的牛肉面，粽子在标准化车间经过 36 道生产工艺的科技创新。以上片中的小细节，体现了中华民族传统思想和现代科技观念的有机融合，既保留了传统思想的精华，也不断吸收新事物的开放、包容，不断完善自身意识形态。国外一名“90 后”学生表示，看完《舌尖上的中国》后才对中国有了更丰富的了解，并表示中国也没有那么神秘难懂。由此可见，该片所呈现出的传统与现代结合的中国形象，使外国受众对中国有了更多层次的认知。

（3）地域民俗：独特与统一并存

眷恋故乡和向往远方是人类精神生活的两个共同倾向，一方面，人们对自己本土的文化有着强烈的亲近感，另一方面，对异域文化有着好奇心理和新鲜感。《舌尖上的中国》中记录了大量的民俗：传统节日时举办的祭祀活动，生日宴席时搭台唱戏……这些极具中国特色的民俗是中国精神和中国形象的重要组成部分，也是构成《舌尖上的中国》文化传播效果和影响的重要组成部分，同时满足了国内外受众不同的精神需求。

《舌尖上的中国》对民俗的展示具有地域性的特征。每个区域具有不同的民俗，它们体现在当地的祭祀仪式与饮食传统之中，具有独特性和统一性，让人感到神秘的同时也觉得这就是日常的一部分。《自然的馈赠》一集第 34 分 11 秒处的祭渔仪式上，在雄浑有力的音乐声和渔民们的呐喊声、歌唱声中（声音模态），渔民们穿着特制的衣服跳着祭祀舞蹈（图像模态）。在第 36 分 54 秒处，也记录了对查干湖渔民来说必不可少的"全鱼宴"。《我们的田野》一集中的第 36 分 08 秒处，藏民们在青稞成熟前举行望果节，他们在祭台上印满带有青稞粉的手印，之后将青稞粉撒向空中，在极具当地特色的歌声中，旁白道："世代流传的古老仪式，在日喀则已经延续了上千年。"这三种模态共同呈现了各地极具地域性的民俗。

乌丙安（2001：22）说过："任何一个民族文化的形成，都是在许多区域文化传统的交流过程中，经过普遍化的共同才完成的。逐渐形成了民族文化的传统，在向更广泛的区域传播时，再经过地缘化的过程，与地方土俗文化模式边竞争边融合，构成了独具特色的区域文化的小传统，具体体现着大传统的某些本质和层面。"《舌尖上的中国》不仅展示了各地域的民俗，也体现了民族国家的文化融合。《时间的味道》这一集中介绍了黑龙江的辣白菜、香港的腊味、澳门的虾酱、湖南苗家的腌鱼，以及小城金华的火腿。尽管这些区域文化极具特色，但它们都体现了一些共同的东西：对故土的热爱，对乡亲的友好，对传统的坚持，对手艺的传承，还有对生命的理解。

迈克·克朗（2005：44）曾说："文学作品不能简单地视为是对某些地区和地点的描述，许多时候是文学作品帮助创造了这些地方。"从某种程度上来说，纪录片也是一种文学作品。在《舌尖上的中国》里所展现的地域民俗都是体现中华文化的一个角度。通过对这些角度的整合与总结，纪录片精炼并深化了中华文化的内涵。《舌尖上的中国》通过对不同地域民俗的展示和对中华文化传统精神价值的阐释，让我们重新认识了我们所生活的地域与国度。纪录片赋予了那些渐渐或已经被现代社会所遗忘的偏远地域、传统民俗新的魅力。

（4）价值理念：乡土价值观

乡土价值观指的是一种重视传统文化、尊重本土文化和历史、强调地方特色和认同感的价值观。乡土文化是中国民众从古至今的生活中形成的，反映了中国乡土的蓬勃生机，是人民大众生存的历史记忆，在现代一样具有不可估量的价值。该片透过食物，表达出制作食物的人珍视亲情、乡情的朴素价值观，而这种价值观是无国界的，能够唤起不同文化背景的受众的人生体验和感受。如片中呈现的有以做豆腐球为生相濡以沫的姚贵文夫妇，在京多年却仍然忘不了家乡辣白菜味道的朝鲜族姑娘，独具妈妈味道的焖面和饺子。

中国传统文化认为劳动是一种美德，是一种对社会的贡献。该宣传片弘扬劳动的尊严和价值，突出对普通劳动者的赞美，而通过辛勤劳动获取食物的美德在全世界能得到普遍认同。有凌晨出发寻找松茸的藏族母女，一次做 700 多个黄馍馍的陕北老黄，冬天仍辛苦挖藕的湖北兄弟……种种劳动产生的美食奇迹，让世界受众对劳动者的崇敬和感动油然而生。据《参考消息》报道，法国人朱力安（Julien Gaudfroy）看完《舌尖上的中国》后表示，真正打动他的是片中老百姓自然的表情和笑容。他希望将这部片子推荐给更多的人，而且不担心完全不了解中国的西方人看不明白，“因为这部片子讲述的东西是最简单的，人类文明传承这些东西谁都会思考的，不需要语言来理解，这就是它的魅力”。在他看来，这种纪录片，才是最容易得到世界认可的桥梁。由此可见，在中国对外传播的过程中，构建普通民众话语体系，树立“求同”的价值诉求，提高文化的认同感，才能让更多的外国人了解中国，利于塑造正面的国家形象。

《舌尖上的中国》还坚持以本土文化为内核，传播东方的古老智慧，通过展现中国普通人与食物的关系，来表达东方独有的传统民俗与处世哲学。如《自然的馈赠》一集中，镜头由近及远，展现了稀疏的网眼，在第 36 分 14 秒处，旁白解说道："郭尔罗斯蒙古族有一句话叫猎杀不绝"，结合高亢的音乐，体现出美食背后深层次的中国文化：讲求"天人合一"，与自然和谐相处，敬畏食物，顺其自然。美食是一个窗口，将中国与自然的相处之道传递给世界，塑造一个人与自然和谐相处的国家形象。

在《五味的调和》的第 47 分 55 秒处，更是将美食的展示与中国人的人生哲学巧妙结合起来："五味使中国菜的味道千变万化，五味最佳的存在方式是调节与平衡，这不仅是中国历代厨师不断寻求的完美状态，也是中国人在为人处世甚至治国经世上所追求的理想境界。"这都是中国百姓的生存智慧，东方生活价值观的传承和彰显。日本神户国际大学的学生，在看完这部片子后，对广东顺德的"村宴"产生了浓厚的兴趣，为了进一步了解，还查字典查出了"堂会"，衍生出很多对中国文化、汉语、汉字的理解。因此，该片的伸展性很强，它只是一个引子，通过这个引子，有兴趣的人，可以顺藤摸瓜。这些无一不说明了，通过展现中国传统价值观，该片扮演了国家形象塑造者的角色，让世界增进了对中国的了解。

6.《舌尖上的中国》对我国国家形象对外传播的启示

中国每年生产纪录片约 3 000～4 000 部，但是真正能够"走出去"的纪录片不多，比例非常低（程春丽，2014）。在这些"走出去"的纪录片里，《舌尖上的中国》表现得非常抢眼，在中国电视纪录片历史上具有里程碑的意义。《舌尖上的中国 1》成为 2012 年央视纪录片海外销售冠军，截至 2013 年 1 月，海外发行额即达到 226 万美元，创造了中国纪录片海外发行的最高纪录，销售范围突破韩国、东南亚传统市场，成功打入对纪录片购买谨慎的日本及德国、法国、比利时等欧洲国家市场（程春丽，2013）。其成功的奥秘值得探究学习，为越来越多的国产纪录片走出国门，走向世界助力。

第一，选题兼具全球化和本土化。全球化时代要求出色的纪录片一定兼具跨文化的国际特征及本土化特征。《舌尖上的中国》系列的成功首先在于选择了饮食文化这个题材。民以食为天，饮食与人类息息相关，是人类生存的基本需要，是实现人类其他社会需要的前提。通过几千年来对自然的探索和发展，不同民族、不同地区的中国人形成了各具特色的饮食习惯，汇聚成丰富多彩的中华饮食文化，随着国人漂洋过海，走向世界的各个地方，让许多外国受众有所耳闻，甚至了解。饮食的通用性和实用性可以消解意识形态的分歧、文化的差异，引起不同群体的情感共鸣，使《舌尖上的中国》在对外传播时几乎不会碰到文化壁垒，海外受众接受度高。在当今多元文化的语境下，纪录片的取材应立足优秀的中国传统文化。《舌尖上的中国》通过介绍各地区、各民族的饮食及其风俗习惯，顺其自然地传递中国人勤勉自律、充满智慧、善于变通、注重家庭、乐于传承等特点，侧面反映出饮食在社会发展变化中的坚守、转变或融合。

第二，中国故事，国际表达。《舌尖上的中国》在叙事手法上放弃了中式媒体一贯采用的和谐导向与中国纪录片平铺直叙、节奏缓慢的话语叙事风格，借鉴了故事性的国际主流媒体叙事方式。电视纪录片故事性能很大程度上引起受众的兴趣，吸引他们走进创作者所营造的一种叙事空间，走进拍摄对象的真实生活，用心感悟创作者所想表达的深刻主题。同时，叙事的个体化和碎片化交织。《舌尖上的中国》把镜头对准我们身边的普通人，经常被忽视却就在身边的一个又一个人和物，例如采松茸的单珍卓玛，卖馍馍的老黄，做豆腐的姚文贵夫妇等。这些来自不同地域、不同民族的人和食物通过“自然的馈赠”“主食的故事”“转化的灵感”“时间的味道”“厨房的秘密”“五味的调和”“我们的田野”等主题汇集在一起，既可以独立成一个个小故事，也可以互为补充。通过美食，受众了解相似或者不同于他们的生活，唤起他们心中的记忆美食或生活情景。通过这些普通人的真实生活和故事，外国受众一方面以工业文明社会的“他者”看待某些农业文明社会生活方式的外化，从而使得两种截然不同的生活状态在同一时空之下形成一种对话关系；另一方面看到美食背后的中国文化蕴含着深刻内涵和智慧，并了解中国的发展变化带来中国人民对生活品质的追求。此外，《舌尖上的中国》的个体叙事手法淡化了我国纪录片以往的宣教策略，采用美食触动受众味蕾的柔性传播达到了显著宣传效果，让受众自动地思念起了家乡的山水和妈妈的拿手菜，也让外国人对中国美食垂涎欲滴、好感倍增。

第三，精心制作，提升观看体验。纪录片是视觉的艺术，其画面制作的品质决定了受众的视觉体验。纪录片是以真实生活为创作素材，对真人真事进行艺术的加工和展示，真实性是其生命线。该片制作团队选用了国际领先的摄影技术，首次采用一系列全球尖端摄影设备，利用微距摄影、延时摄影、水下摄影等摄影方法，借助吊臂、航拍等工具拍摄画面，并以小景别快节奏剪接技术，以饱满、唯美的方式呈现出许多珍贵的食材影像，使《舌尖上的中国》系列真正地成为一部刺激味蕾的视觉盛宴，给受众带来强大的视觉冲击和感官体验。其中，近景和特景镜头的使用达到了近 80%，突破了传统纪录片远、中、近景的简单转换拍摄方法（许文倩，2015：31）。特写镜头表示亲密的人际关系，大量的食物特写镜头有效拉近了受众与食物、人物之间的距离，增强了受众的融入感（G. Kress & T. van Leeuwen, 1996: 25−35）。将每个故事的主人公的对话或独白做成同期声，这些带有浓郁地方特色的方言，巧妙穿插其中，增添了画面的生趣，体现了地域特色。而来自不同地区的方言，构成了中国特色的基础方言体系，与美食一起，交相辉映，符合外国受众对中国神秘而有魅力的遐想，能够引起他们的好奇心，触发他们探究的欲望。背景音乐，既有民族特色乐器如古筝、竹笛、大鼓的配乐，又有西洋乐器如钢琴、小提琴、大号的配乐，跟画面配合，相得益彰，能够调动受众的情绪，加深他们对人物和美食的印象。

3.4 2017 年至今自塑和他塑合力阶段

3.4.1 2017 年至今中国国家形象宣传片简况

2017 年 10 月，党的十九大宣布，中国特色社会主义进入新时代，意味着中华民族和中国人民正式迈向了强国时代，国家形象的塑造进入一个新的征程。党的十九大召开期间，最新宣传片《中国进入新时代》通过人民日报客户端发布。该宣传片通过 7 个真实的人、事、物，展示进入新时代的中国，一个自信、努力、充满梦想的中国。2018 年拍摄的《中国一分钟》在人民日报“两微”“两端”（两微指微博和微信，两端指人民日报客户端和人民网）首播，充分表现中国普通劳动者每一分钟的努力，共同成就改革开放 40 年在各领域所取得的奇迹。但是 2020 年初，突如其来的新冠疫情冲击着全球的经济，加剧了世界局势的复杂。面对全球疫情，中国国际电视台（CGTN）打磨半年推出了英文抗疫全景纪录片《中国战疫纪》，让国际受众了解中国的抗疫过程，还为“全球抗疫”提供宝贵的经验。

与此同时，中国继续与不同国家不同机构合作，合拍宣传片，借助国外先进的拍摄技术，以“他者”视角的叙事方式，覆盖全球的发行和播出渠道，讲好中国故事，以提升中华文化的感召力、中国形象的亲和力和中国话语的说服力，提升受众的接受度和宣传片的国际传播效能。党的十九大召开前夕，由中国五洲传播中心与美国探索频道（Discovery）联合制作的《习近平治国方略：中国这五年》（*China: Time of Xi*），在探索频道亚太电视网首播，覆盖 37 个国家和地区的逾 2 亿收视户。不少国际受众通过纪录片认识到中国现代化发展成就，改变对中国的认知。2019 年，由国务院新闻办监制，国务院新闻办对外推广局、国家广电总局国际合作司指导，湖南省政府新闻办支持，芒果超媒、芒果 TV、Discovery 联合出品的跨国联合制作的职业体验纪实节目《功夫学徒》（*The Day I Ran China*），通过芒果 TV 以国际 App 为核心的海外新型融媒体平台，借助 Discovery 在东南亚频道、南亚频道、澳新频道及中国台湾频道等全球电视网覆盖播出及传播优势，三十多个国家和地区的近两亿订户家庭可以通过屏幕直接面对最真实的中国体验。中国与俄罗斯 RT 电视台继续合作拍摄《这里是中国》的第二季，与新加坡合作拍摄《畅想中国》，和英国合作拍摄《国家公园》《行进中的中国》等，旨在记录当下的中国，从政治、经济、文化、社会、自然等各个“硬核”领域，塑造一个真实、立体、多元的中国，一个可亲、可敬、可爱的中国。

新时代的宣传片充分利用网络媒体和新媒体的裂变传播，同时结合传统媒体的传播，做到传统媒体和新媒体的并驾齐驱，并借助合作方的发行与传播渠道，推动宣传片通过多渠道、多方式快速进入国际传播渠道，形成一定的舆论场，达到传播的目的。

3.4.2　个案分析：宣传片《中国进入新时代》

1.《中国进入新时代》简介

2017 年 10 月 21 日，《人民日报》客户端发布了最新的宣传片

《中国进入新时代》。该宣传片时长约 3 分 1 秒，讲述了来自我国不同的年龄、性别、民族、行业和行政区域的 6 名群众代表、1 名在华工作的外国人，以及习近平总书记提出的中国梦，通过他们的日常生活或工作场景设计画面视频来阐释中国进入新时代这一主题。此宣传片借鉴了海外政治宣传广告片的操作手法，以真实代表性人物为拍摄对象，采用电影画质标准进行拍摄，画面精细而震撼，人物形象生动立体，话语简单明快，向海内外网友立体展示了党的十九大召开之际中国民众（及在华外国专家）热情饱满、乐观向上的精神状态，十分有力地将“中国进入新时代”这一个概念转化为视觉语言。

2.《中国进入新时代》的多模态话语分析

从文化层面看，我国经过近四十年的改革开放发展，取得了开创性的历史成就，具体体现在：综合国力稳步提升，市场经济体制不断完善，人民生活水平不断提高，国际地位实现前所未有的提升，党的面貌、国家的面貌、人民的面貌、军队的面貌、中华民族的面貌发生了前所未有的变化。在这时代背景下，社会主要矛盾转变为人民日益增长的美好生活需要和不平衡不充分的发展之间的矛盾。正是社会主要矛盾的这种转化，推动中国特色社会主义进入新时代。党的十九大就是围绕中国发展进入新的历史方位：中国特色社会主义进入新时代后，如何坚持和发展中国特色社会主义。因此，在党的十九大召开之前，人民日报社创作拍摄了《中国进入新时代》，并于党的十九大召开期间，在人民日报客户端发布。《中国进入新时代》由 7 名不同年龄、不同身份、不同国籍的人物讲述各自心中的中国梦，借助他们的形象、话语及现实生活场景塑造了一个富强、民主、自信、和谐，人民生活幸福、充满梦想、共同创造未来的正能量中国形象。

从语境层面看，《中国进入新时代》由前面 7 名采访对象的自我介绍和“我的中国梦”，以及以习近平总书记为代表的国家层面的中国梦三部分组成，话语方式都是正式的，但表达方式因采访对象而异，有些较书面语，有些较口语化，话语范围都是围绕我的中国梦而展开。宣传片中，没有解说词，只有 7 名采访对象的旁白和习近平总书记的报告发言。每名代表人物只有短短的几句话，但是为了把每个人物各自的属性体现出来，让人物更立体化，更接地气，拍摄组反复斟酌，只选取深入交流两三个小时中最有代表性的语言。虽然没有解说词，宣传片通过代表人物的“你的梦、我的梦、他的梦”映射出“每个人的梦，都是中国梦”，也就是习近平总书记所强调的：“中国梦归根到底是人民的梦，必须紧紧依靠人民来实现，必须不断为人民造福。”

从内容层面看，该宣传片有语言（采访对象的独白）、图像和声音（人物的说话声音、背景音乐和同期声），其中语言起着主要作用，图像和声音起着强化作用。受众通过语言可以清晰无误地了解这些人的身份和中国梦，而图像所提供的场景（身着藏装的次央拉姆所处场景是雪域湖边，谢元立所处场景是高铁制造车间和焊接工作现场，郭博智所处场景是大飞机模型背景和大飞机起飞的实景，计葵生所处场景是现代化的写字楼和办公场所，李旭钧所处场景是街头巷尾和悠闲地浇花、坐在小凳上晒太阳，陈泽申所处场景是大山、村头及其在竹林里挖竹笋、做饭、擦拭太阳能聚光板等各种生活状态，李强出场场景是指挥仪仗队训练，习近平总书记场景是党的十九大期间的庄严讲话）进一步突出强化他们的身份职业，帮助受众理解其中国梦的内涵。而采访对象中，不管少数民族同胞还是外国友人，都以汉语普通话发声，稚嫩的童声、略带地方方言的口音及外国友人标准流利的发音，都有高度的代表性和象征意义，突出强化每一个生活在中国国土上的人都有自己的中国梦。同期声，如机械工作声、发动机轰鸣，军队训练的叫喊声等又进一步强化了他们的身份。背景音乐一开始轻柔舒缓，配合藏族小女孩缓慢的语速，然后逐渐提升音量与音调，配合人物叙述中国梦，最后在习近平总书记发表讲话时推向高潮，结合图片画面（习近平总书记的庄严讲话，采访人物的笑脸，长城，采访人物昂首阔步的背影），营造了恢宏、磅礴、鼓舞人心的气氛，突出强化中国进入一个新的时代。

从表达层面看，该宣传片的语言媒体只有代表人物的话语和字幕，简洁明了，结合人物的日常场景和色彩鲜明的画面，以小见大，明确而又立体构建起由点到面的中国梦。话语语调都是较为平稳舒缓又不失欢快，从容庄重表述自己的中国梦，与其身份职业相符合。例如，藏族小女孩用轻快活泼的语调说出自己的中国梦，表明对实现中国梦的向往；郭博智用平和稳重的语调，表明对实现自己“大飞机梦”的信心；习近平总书记铿锵有力的话语，振奋人心，鼓舞斗志，催人奋进，继续为美好生活而奋斗。话语语气都是陈述，但是含有赞同、认可，或归属的情感。例如，计葵生的中国梦是“希望中国可以维持一个比较好的一个发展，现在中国对未来‘一带一路’的发展策略（倡议），感觉到其实中国是从本来一个比较被动的角色，已经变成一个比较主动的一个角色”。“希望中国可以”“感觉到”这些字眼降低其说话的绝对性程度，让其言语接受范围得到一定程度的扩大，为受众接受此观点拓宽了对话空间，让宣传的角度更加合理化。

3.《中国进入新时代》的多模态隐转喻分析

《中国进入新时代》中 7 名采访对象都是面对镜头，一一讲述自己的中国梦，但是通过多模态隐转喻，映射出国家层面不同领域的中国梦。隐喻具有解释作用，它可以搭建从源域到目标域之间的桥梁，在两者的相似之间建立联系，加快受众的认知过程，方便受众接受和理解。而借助多种感官的多模态隐喻，有时某种模态的隐喻所传达的意思不能用其他模态隐喻完全传递出来，因此比抽象的语言符号更能感染受众，引发情感效应（赵秀凤，2011：5）。转喻具有表征功能，同时具有连贯和衔接的语篇功能，能在一个整体框架内联系整合人类的各种概念。与文字模态相比较，动态图像具有超千倍的感化效果，立刻激发受众从思维到感情、从直觉到感觉产生转移的这一过程（熊学亮，2010：6）。与此同时，不同的文化影响人们对世界的认知，形成不同的思维模式，渗透于隐喻化和转喻化的思维过程。因此，对于多模态隐喻和转喻的解读要结合特定的文化或社会语境进行。

（1）成长成才梦

首先出场的人物是来自青海省格尔木市长江源村的次央拉姆，时年 6 岁。她面对着开阔而又宁静的长江水源，说出她的心愿："我长大了，要去北京看天安门。"宣传片通过小女孩的衣着"藏族服饰"转喻她"少数民族"的身份，通过"身穿藏族服饰的小女孩"这个源域概念转喻了"来自不同民族的儿童"，他们是祖国的花朵，概念隐喻了"国家的未来"。长江，中华民族的摇篮，是中国第一长河，哺育了千千万万中华儿女，而"长江源村"这个源域概念转喻了"国家"。在中华文化里，水有"宁静致远"的含义。正如老子在《道德经》里提及："上善若水"，"水善利万物而不争，处众人之所恶，故几于道"。喻指做人的方法，即做人应如水，水滋润万物，但从不与万物争高下，这样的品格才最接近道。孔子云："水有五德，有德、有义、有道、有勇、有法。"因它川流不息，能普及一切生物，好像有德；流必向下，不逆成形，或方或长，必循理，好像有义；浩大无尽，好像有道；流几百丈山间而不惧，好像有勇；安放没有高低不平，好像守法；量见多少，不用削刮，好像正直；无孔不入，好像明察；发源必自西，好像立志；取出取入，万物就此洗涤洁净，又好像善于变化（曾侨骄、于善志，2009）。天安门是全国各族人民心中的圣地，中国的心脏。宣传片通过“少数民族儿童的天安门梦想”这个次事件来转喻中国是“一个团结，具有凝聚力的国家”这一复杂事件。女孩自我介绍时的背景音乐是轻柔、舒缓、宁静的，说出梦想时背景音乐相应变成欢快，节奏也同时加快。通过旁白、图像、文字和背景音乐的相互结合，隐喻中国的儿童正成长为有德、有义、有道、有勇、有志、正直、明察秋毫、善于包容的社会栋梁，同时也隐喻正在和平崛起的中国具有水的君子品格，润泽万物，却永不称霸。

（2）制造强国和创新型国家梦

第二个出场的是中国北车长客股份有限公司的谢元立，一名焊接机械手操作工。他走在生产高铁列车的车间，背对着受众自我介绍，面朝照射在车间的朝阳走去，伴随着他的日常工作场景和高速行驶的“复兴号”高铁画面，说出自己的中国梦是“让我们生产出的高铁更快、更稳、更安全，连接世界，造福人类”。第三个出场的是中国商飞上海飞机设计院院长郭博智，他边抚摸着 C919 飞机边自我介绍。他的中国梦是制造“航空公司愿意买、飞行员愿意飞、乘客愿意坐的中国的商用飞机”，与之匹配的画面是准备试飞的 C919 飞机、快速旋转的螺旋桨和飞行中的 C919 飞机。“电焊工”和“设计院院长”以单个个体代表总体，分别转喻“国内广大的蓝领工人”和“技术型的知识分子”。朝阳预示新的一天，新的开始，概念隐喻了“高铁制造业正迎来新的机遇，新的发展”。“复兴号”动车是我国集成了大量现代高新技术、具有完全自主知识产权、达到世界先进水平的动车组列车，已经成为我国制造业闪耀世界的名片。宣传片用“高速行驶的”动车来转喻“高铁制造业处在快速发展的阶段”。C919 飞机是中国首款按照最新国际适航标准，具有自主知识产权的干线民用飞机，能与波音、空客、伊留申飞机在商业领域展开竞争。宣传片用

"C919飞机的试飞成功"来转喻"我国飞机制造业的崛起以及我国商业航空的梦想正展翅飞向世界"；用"快速旋转的螺旋桨"来转喻"飞机制造业的蓬勃发展"。在这过程中，宣传片采用"高速行驶的'复兴号'高铁"和"C919飞机的试飞成功"这两件次事件来转喻中国走进"制造强国"和"创新型国家"的新时代这一复杂事件。为了突出这一复杂事情，背景音乐的节奏加快，曲风变得激昂。

（3）持续健康发展梦

第四个出场的是国内陆金所首席执行官（CEO）计葵生，他是美国人，他的中国梦是"希望中国可以维持一个比较好的发展"。配合出现画面的是他在一个豪华气派大楼内的圆形走廊矫健行走、指导员工工作、自己阅读、在背景为上海"东方明珠"的办公室接受采访等情景。宣传片用"金融机构的CEO"这个源域概念转喻"在华工作的外国人"，用"阅读"这个次事件转喻"中国金融业不间断学习，不断深化改革创新，应对迅速发展的金融市场，全面提升服务实体经济的质量和水平，推动中国的持续健康发展"这一复杂事件。而宣传片用"上海的大楼、东方明珠"这个空间部分转喻具有"现代化和国际化的中国城市"这一整体，突出中国的城市健康繁荣发展。为了增强效果，宣传片的背景音乐节奏欢快、曲调悠扬。

（4）国强民富和全面小康梦

接下来出场的分别是牡丹集团公司员工李旭钧和安徽省金寨县花石乡大湾村村民陈泽申，前者是一名中国共产党党员，他的中国梦是"祖国越来越强大，人民生活越来越幸福"，而后者的中国梦是"全中国的贫困户不是贫困户，全部过上好生活"。前者相应出现的画面是李旭钧工作之余的悠闲生活；后者出现的画面是陈泽申的日常生活。宣传片用"公司员工"和"村民"单个个体分别转喻"中国广大党员和普通老百姓"和"中国的贫困户"这两类总体。李旭钧工作之余的悠闲生活如“买菜、浇花、与外国人交谈、在公园散步和街边喝茶”这个次事件分别转喻“新时代的普通老百姓过上了富足的生活”和“良好的经济社会环境吸引外国人来华旅游、工作和定居”这一复杂事件。从陈泽申的日常生活画面，受众可以看到规划齐整的村民住宅、整洁的村路、连绵起伏的山林和成群的牲畜，宣传片通过这些空间展示，转喻偏僻的乡村已成为生态宜居、乡风文明、生活富裕、村民安居乐业的地方，这是新时代中国特色社会主义新农村建设所取得的成果，也是全面实现小康生活的梦想追求。

（5）强军梦

第七个出场的是解放军仪仗队副政委李强，他的中国梦是“立足本职岗位、矢志仪仗事业，为实现强军目标贡献自己的力量”。受众可以看到仪仗队训练的画面。宣传片通过“仪仗队副政委”这个源域概念转喻“中国的军人”这个目标域，并且通过参加训练人员的衣着——军服转喻他们军人的身份。训练时，仪仗队队列整齐划一，列队时队员个个昂首挺胸、意气风发，行进时人人目光坚定有神、步伐矫健，展示出中国军人的精神面貌。宣传片用“队员训练时的表现”这一次事件转喻“中国正在打造‘世界一流军队’”这一复杂事件。为了配合这一画面和文字，背景音乐的节奏不断加快，曲调越发高亢激扬。

（6）民族复兴梦

最后一位是中共中央总书记习近平，他号召全国人民：“为决胜全面建成小康社会、夺取新时代中国特色社会主义伟大胜利、实现中华民族伟大复兴的中国梦、实现人民对美好生活的向往继续奋斗！”他是党、政府和国家的代表。宣传片出现的画面依次是习近平总书记在党的十九大作报告、前面 7 名出场人物的笑脸、穿行在山间的长城和前面 7 名出场人物的前行背影。宣传片用“总书记”单个个体转喻“党、政府和国家”总体。7 名出场人物目光坚定，面带幸福的微笑看着镜头，拉近了宣传片参与者与受众之间的距离，使受众感同身受，提高其对参与者行为的认可度和接受度。宣传片通过笑脸隐喻不同年龄、不同性别、不同民族、不同行业的人民对于中国全面建成小康社会、实现民族复兴梦的信心和期待。长城，是我国古代劳动人民创造的奇迹，被誉为“人类文明的纪念碑”，是世界七大奇迹之一，它是我国文化的典型象征，概念隐喻“中国具有悠久的历史，中华文化博大精深、源远流长”。在全面建成小康社会、夺取新时代中国特色社会主义伟大胜利、实现中华民族伟大复兴的中国梦的新时代，宣传片用长城隐喻“中国人民将依靠自己的团结、智慧和力量，战胜各种挑战、困难和阻力，实现全面小康梦，中国这条巨龙逐渐修复身体，恢复元气，重新腾飞起来”。而 7 名出场人物各自不断前行背影的仰拍画面，隐喻了中国的各行各业砥砺前行、不断进步，同时也喻示中国人民正走在全面建成小康社会、夺取新时代中国特色社会主义伟大胜利的道路上，走在实现民族复兴、对美好生活向往的奋斗路上。他们昂首挺胸，步伐坚定，喻示走入新时代，呼应了主题。这个阶段，背景音乐节奏很快，曲风激昂，结合总书记铿锵有力的话语，让受众直观感受到中国实现民族复兴梦的强大信心和力量。

4.《中国进入新时代》构建的国家形象

《中国进入新时达》围绕中国梦主题，选取 7 个具有代表性人物来阐释其具体内容，借助他们的形象、话语及现实生活场景，加上结尾习近平总书记在党的十九大发表的讲话，升华主题：“全党同志一定要永远与人民同呼吸、共命运、心连心，永远把人民对美好生活的向往作为奋斗目标，为决胜全面建成小康社会、夺取新时代中国特色社会主义伟大胜利、实现中华民族伟大复兴的中国梦、实现人民对美好生活的向往，继续奋斗。”因此，该宣传片由小见大，由点到面，从个人梦想上升到民族梦想，充分诠释了中国梦的最大特点是国家、民族和个人作为一个命运的共同体，把国家利益、民族利益和每个人的具体利益都紧紧地联系在一起，并寓意进入一个新时代，要为不断实现人民对美好生活的向往而继续奋斗。习近平总书记的讲话阐释中国梦的实现方式、对象，即“中国梦是全体中国人民的梦，要依靠全民来实现”的思想，塑造出一个富强、民主、自信、和谐，人民生活幸福、充满梦想，共同创造未来的正能量中国形象。

宣传片中展示的 6 个中国梦，环环相扣，层层递进，又相辅相成。前一个的中国梦是实现后一个中国梦的基石，后一个中国梦的实现又为前一个中国梦的实现创造了有利条件。成长成才梦能为国家培养大批的人才，人才是实现制造强国和创新型国家梦的基础；有了创新和制造业的长足发展，在如今的国际大环境下才能实现经济持续健康的发展；经济健康持续的发展，才能提供国家繁荣昌盛、人民生活幸福、社会和谐稳定的物质基础，才能实现强军梦，最终实现民族复兴的中国梦。

为了达到《中国进入新时代》语篇的传播目的，宣传片用了各种符号模态共同实现这一目标。在这些符号背后隐藏的是隐喻、转喻以及他们之间的互动，推动语篇向前发展，最终向受众传递这一信息：中国进入新时代。隐喻和转喻使受众可以通过具体的事物或者事件理解抽象的概念和事件，但是，他们承担着不同的语篇功能。隐喻主要起到论证、说明、劝说、概括语篇主题的作用，而转喻不仅提示隐喻，还是一种推理机制、是语篇的叙述手段和组织原则（潘艳艳、张辉，2013：17）。在《中国进入新时代》的语篇中，隐喻和转喻相互作用并形成一个概念系统，达到其明确的传播目的——通过中国梦的展示，呈现中国进入一个更加开放、繁荣发展的新时代。

5.《中国进入新时代》对我国国家形象对外传播的启示

根据吴国华、徐蕾在美国大学生中对《中国进入新时代》展开的传播效果研究，受众在功能性、审美性、规范性和情感性四个维度都有所提升，其中情感性维度的提升最为明显，是其他三个维度的综合效果，结果体现在受众的行为意愿：愿意把中国推荐给他人（吴国华、徐蕾，2018）。从这项实证研究可以看出，该宣传片的对外传播效果不错，受众认可度较高，表明中国在这类“硬广告”式的国家形象对外传播的进步。

第一，在制作时机上，紧扣时代脉搏，讲好新时代的中国故事。党的十七届六中全会通过的《中共中央关于深化文化体制改革、推动社会主义文化大发展大繁荣若干重大问题的决定》指出，“要不断增强国际社会对中国基本国情、内外政策、发展道路及价值观念等的了解及认识”。作为中国对外传播的重要组成部分，宣传片要紧扣时代脉搏，积极主动讲好新时代的中国故事。国家发展的过程是与时俱进的，国内各项政策及外交活动受其影响，而不断发展变化。作为战略传播的重要资源，宣传片应在发展的重要阶段，围绕国家的发展讲好该阶段的故事，推出新版的宣传片，其内容选择、传播方式等也应与外交活动相结合，为活动政策造势。《中国进入新时代》抓住时机，选择在党的十九大召开期间发布，立即可以吸引各国媒体的注意，让国际受众了解中国的发展变化。

第二，在传播形式上，多元呈现。《中国进入新时代》采取了在人民日报客户端、微信公众号、微博账号多屏分发的方式，一经发布便在社交媒体上引起了广泛讨论，实现了国家形象构建从传统的单向传播到双向互动的转变。宣传片不再局限于电视、大屏播放的单向传播，具有互动功能的社交媒体给予了受众更多的参与感和意见表达空间。与此同时，对于宣传片的生产者来说，以微博评论、微信公众号留言为代表的受众意见是在第一时间了解宣传片传播效果的有效途径，一定程度上可以作为其进行相关创作的参考意见。

第三，在叙事角度上，以个人叙事视角，拉近距离。该宣传片一改以往的宏大叙事，采用了温情的个人叙事。7 个有代表性的普通人物在自己日常生活、工作场景中自我介绍，讲述自己的中国梦。这些生活化的场景，会让受众看后觉得接地气，很真实；小人物的讲述，让一个个中国梦变得具体鲜活，两者相结合，让受众在情感上更容易认同。在碎片化传播大行其道的当今时代，“小情怀”的个人叙事比“高大全”的宏大叙事更易得到受众的关注。

第四，在中国符号使用上，传统和现代相结合。随着国家综合实力的迅速提升，中国现代化、国际化的进程也在提速，展现新时代的国家形象也不应局限于传统的元素表达，也应呈现新发展、新变化的中国符号。该宣传片既有长城、国旗、中国红等传统的标志性符号，也呈现高楼大厦、现代化的办公场所、新能源的使用，尤其像高铁、大飞机等充满科技工业元素这样全新的中国符号，对于更好地展示新时代的国家新形象，增强民族的自尊心和自信心更具有现实意义，同时也为世界上那些既希望加快发展又希望保持自身独立性的国家和民族提供了全新选择，为解决人类问题贡献了中国智慧和中国方案。

第 4 章　中国国家形象宣传片的多模态翻译

4.1 多模态翻译的发展及界定

尽管多模态的相关理论很早就提出，图像、声音、颜色等在文本中具有同语言一样的作用，都参与了文本的意义构建，但是翻译界的学者们最近几年才开始意识到这些不同符号之间的相互作用是意义来源的一部分，会对翻译活动产生影响。的确，除视听翻译和漫画翻译外，以往的翻译研究主要围绕不同语言之间的转换展开，极少关注语言之外的符号资源可以而且确实可以干预文本意义的构成。随着现代多媒体和网络技术的发展，文本的多模态性越发明显和频繁，人们对翻译的认识也不断深化和拓宽，翻译研究不再局限于过去单模态翻译的讨论，开始采用多视角、多维度的研究方法深入探究翻译活动、翻译产品和翻译教学的多模态性，多模态翻译研究成了翻译研究的一个新方向。因此，进入 21 世纪 20 年代，翻译研究开始与多模态研究结合（陈曦等，2020），研究内容超越了语言的范围，开始关注语言符号之外的多模态翻译。多模态翻译研究不仅拓展了翻译研究范围，改变了人们对翻译活动和翻译质量评估标准的传统认识，而且拓展了多模态话语分析这一语言学理论。

事实上，多模态翻译研究经历了漫长的发展历程。早在 20 世纪50年代末，作为布拉格学派中最有影响的代表人物，俄罗斯著名语言学家、翻译学专家罗曼·雅各布森（R. Jakobson, 1959）就第一个将皮尔斯符号学理论引入翻译，将翻译分为语内翻译（intralingual translation）、语际翻译（interlingual translation）和符际翻译（intersemiotic translation）。其中符际翻译指用某种非语言符号系统的符号来阐释语言符号（Intersemiotic translation or transmutation is an interpretation of verbal signs by means of signs of nonverbal sign systems）。换句话说，符际翻译是语言与非语言符号或非语言符号间的翻译，是不同符号系统之间的转换。但是雅各布森（R. Jakobson, 1959: 233）认为语内翻译是解释（paraphrase），符际翻译是转化（transmutation），语际翻译才是"真正意义上的翻译"（translation proper），是翻译的核心。他所划分的三种翻译类型之间存在重叠，由于语言也是一种符号系统，所以两种语言之间的转换也可以称作符际翻译。不管怎样，符际翻译首次将非语言符号纳入研究对象，将语言符号与非语言符号之间的信息传播作为研究内容，超越了传统意义上的翻译内涵，为翻译研究开拓了新视野、新思路，可以视为多模态翻译的理论来源之一。此后，西方翻译学研究日渐关注符号模态在翻译过程中的性质与作用。图里（G. A. Toury, 1994: 1114）在雅各布森符际翻译基础上，拓展了翻译的概念边际，认为翻译是"一个符号体系被转换成为另一个符号体系"，并进一步把符际翻译定义为两个不同符号系统间不同符号编码的转换。

不过，多模态翻译研究源于对多模态文本的研究。凯瑟琳娜·莱斯（K. Reiss, 1981）借助德国心理学家布勒（Karl Buhler）的语言功能三分法把翻译的文本类型分为：信息型文本（informative text）、表情型文本（expressive text）和操作型文本（operative text）。如果上述三类文本辅以视觉形象、音乐等就变成视听类语篇，如电影、视觉和语音广告，视觉和音乐变成了“辅助文本”（der subsidiäre text）。这类文本不同于纯语言的文本形式，更多地依托非语言媒介以及图表、声音和视觉等表达形式。“辅助”一词暗示了文本类型的主次之分，纯语言形式的文本是主要的文本类型，而非语言形式的文本处于次要地位。1988 年，马约拉尔（R. Mayoral, D. Kelly & N. Gallardo, 1988）等人在翻译中引入“限制性翻译（constrained translation）”的概念，来意指电影、歌曲、漫画等形式的翻译。虽然翻译中的非语言成分开始受到关注，但是“限制”一词体现出研究者并没有将非语言模态视作交际文本的组成部分，并且有可能成为翻译时的障碍，其交际性功能没有得到充分重视。由此可见，将多模态纳入翻译研究的范围，需要突破翻译研究只关注语言问题的瓶颈，进行跨学科研究。

步入飞速发展的全球化时代，翻译的发展环境前所未有地丰富充沛，翻译活动穿行的媒介发生了巨大变革，也因此推动翻译研究的对象、内容、工具等都发生了重要变化。一些学者开始重新审视翻译的本质与内涵，其中不乏对翻译进行重新界定与定义的呼吁。1992 年，字幕翻译领域的领军人物丹麦学者亨里克·戈特利布（H. Gottlieb, 1992: 162）指出，字幕翻译是一种书面附加的、具有即时同步效应的多元媒体翻译形式。两年后，他提出多符号文本类型，指包括两种以上交际渠道的文本类型。艾琳·雷梅尔（A. Remael, 2001: 13−14）将符际翻译重新定义为不同媒介之间的意义转换。2005 年，德国萨尔大学教授海德伦·格日米施−阿博加斯特（H. Gerzymisch-Arbogast, 2005）在欧洲高级科学系列会议（EU High Level Scientific Conference Series）上提出和阐述了多维翻译（Multidimensional Translation），尝试将文本的媒介和模态两个维度结合在一起，但在翻译的转换中更多地关注符号在媒介之间的转换。随着读图时代的到来，小说绘本、电影等由文字、图像、声音、音乐等组成的多模态语篇成为翻译的研究对象，学者们开始探索不同模态之间的翻译转换。大众媒介的普及标志着媒体时代的来临，翻译学研究也随之面临前所未有的挑战。

语篇转换过程中媒介的形式和内容直接影响了符号模态的面貌与功能，也改变了翻译活动的基本属性和特征。卡琳利陶（K. Littau, 2011: 261—281）提出了媒介转向（media turn）的概念，正式将媒介影响下的多模态符号翻译列为翻译研究的主要内容。根茨勒（Z. Gentzler, 2016）也提出了激进的后翻译的理念，将改写、改编、诠释等多种活动同样视为翻译，探讨了如《追忆似水年华》（*À la recherche du temps perdu*）各译本和电影、戏剧、小说等不同媒介下多模态改写本、节略本、衍生本的生成与意义。我国学者王宁（2009: 41—42）也提出要重视“跨越语言与文化界限的符际翻译”，并反问：“是否将自己禁锢在语言的囚笼中才算是执着于翻译的本体?”（王宁，2015：13）

由于模态和媒介在文本转换中会引发不同的结果，凯恩德尔（K. Kaindl, 2020）认为应从模态、媒介和体裁三个方面对多模态文本的翻译进行划分，并将翻译重新定义为一种由中介者从模态、媒介和体裁三个方面将受众所面临的文本中的符号和文化障碍进行转换的文化互动形式。这一定义与传统翻译定义的差别在于不强调译文与原文的相似和对等关系，且语言不再是翻译的中心问题。对多模态翻译的表述也不仅仅局限于“translation”一词，辛多尼（M. G. Sindoni, 2016）将其称之为“transduction”，指跨越模态的意义重构；赖克（S. Rike, 2013）提出用 transcreation 代替“translation”，以突出网页翻译中的创造性。

无论是广义的翻译还是狭义的翻译，都包含着多种符号系统的转换与信息传递。换句话说，在翻译这一活动过程中，无论是语言文字还是其他类型的符号，都参与意义的构建，从而实现信息传递的目的。即使就狭义的翻译而言，在从一种语言文字到另一种语言文字的转换过程中，对于某些类型的原文本，译者应关注的不仅有语言文字信息，还有除此之外的其他模态符号所呈现的意义。因此，翻译活动本身包含着多模态信息传递的内容，学界借鉴多模态话语分析的理论与成果来考察翻译产品与过程，作为翻译研究的新视角，具有其内在的合理性与可行性。

在讨论多模态翻译之前，我们应该厘清三个概念：视听翻译、多媒体翻译和多模态翻译。

4.1.1　视听翻译

19 世纪末，人类历史上的两项重大发明——摄影和录像技术先后出现，将人们观看真实、连续影像的愿望变为现实，使人类步入电影时代，也开创了科学与艺术相结合的现代社会。伴随科技的发展，电影从无声到有声、从黑白到彩色，成为世界各地最时尚、最受欢迎的科技产品和艺术门类，引领视听时代的到来，视听翻译也应运而生。视听翻译（Audiovisual Translation, AVT）就是一种为电影与电影院节目的翻译而发展起来的一种特殊的翻译活动，可以追溯到早期的默片，人们最初也使用“电影翻译”（film translation）指代“视听翻译”，因此，视听翻译是翻译实践中的一种。随着技术进步、翻译实践及研究的拓展，“视听翻译”这一术语也有变化。伊夫・甘比尔（Y. Gambier, 2015: 46）指出，视听翻译先后经历了“电影翻译”、“语言转换”（language transfer）、“改编”（versioning）、“屏幕翻译”（screen translation）、“多媒体翻译”（multimedia translation）几种术语的演进。这些术语，各有侧重，含义范围要么过于狭窄，要么过大，包罗万象，相比之下，“视听翻译”这一术语，在其所涵盖文化产品的范围、适用性等诸方面具有优越性。奥雷罗（Orero）从视听翻译实践的角度概括了视听翻译的内涵。她（P. Orero, 2004：viii）认为，视听翻译“不仅包含任何媒体、形式中用于作品制作（或后续制作）的一切翻译或多符号转换，而且包括媒体的无障碍传播：即为残障人士而服务的听障者字幕（Subtitling for the Deaf and Hard of Hearing, SDHH）或口述影像（Audio Description, AD）”。因此视听翻译这个可以囊括所有新技术发展和业内实践的概括性术语逐渐为学界、业界接受。

视听翻译不同于传统意义上的普通文本翻译，因为视听翻译通过视觉和听觉同时传递信息，而普通文本翻译只是通过视觉这单一渠道传递信息。视听翻译并不是单纯关注节目类型或播放的场所，而是更强调译作与受众的交流通道。贝克和萨尔达尼亚（M. Baker & G. Saldanha, 2020: 30）认为，视听翻译关注的是多模态和多媒体内容在跨语言和跨文化转换中所涉及或产生的各种实践、流程和产品。一方面，视听文本要将语言、图像、音乐、颜色和视角等各种模态整合配置，才能生成并阐释这些文本，具有多模态的属性；另一方面，视听文本需要通过各种媒体，比如电影、电视剧、戏剧、在线视频等为载体，把这些模态同步呈现给受众，具有多媒体的属性。贝克（M. Baker, 2009: 13）认为，视听翻译“将多模态、多媒体的文本转化到另一种语言或文化的翻译研究分支”，从而定位了视听翻译的学科属性。国际学术界普遍认为，1976 年福多（Fodor）出版的专著《电影配音：语音学、符号学、美学和心理学》（*Film Dubbing: Phonetic, Semiotic, Esthetic and Psychological Aspects*）开启了国际视听翻译研究，而 1980 年何际平在《中国翻译》发表《简介外国影片的翻译》一文，把视听翻译引入中国学术界的研究视线。进入 21 世纪，随着视听产品的快速发展，国内外的翻译研究者日益关注视听翻译，使之成为翻译研究中发展最为迅速的一个研究领域。

4.1.2　多媒体翻译

“媒体”一词，源于拉丁语“medius”，音译为“媒介”，其本意是“二者之间”。媒体是传播工具，如报刊书籍之类的印刷品、广播、电视、电影、网络等，根据传播方式的不同，可以分为书写媒体、印刷媒体、口头媒体、电子媒体和数字媒体等（董璐，2008：67）。不同媒体的交互融合，产生了多媒体。对于多媒体的定义，众说纷纭。凯特莱塞（P. Cattrysse, 2001: 1）认为，多媒体是同时在两种或更多的媒介中呈现和处理信息，具体指的是文本、图表和图像的呈现和处理，但不包括动画和全动录像的呈现和处理。根据许勉君（2017：41）的研究，多媒体是指具有文字、图像、音频、视频等播放功能的现代技术，如在课堂上使用的电脑、投影仪、电视机、移动终端等，它强调的是不同媒体技术的综合使用。而梅克尔（M. Meckel, 1996: 300）从翻译的角度出发，认为多媒体是指：“原本分割的不同类型信息代码，如数据、图像，和像视觉、听觉或者两者兼有的交际代码相结合，使之聚合于一种装置（如个人电脑）的可能性。”多媒体最早跟教学和先锋派艺术紧密相连，如幻灯片、录像等。随着数字技术和数字传媒的发展，多媒体有了更多像电子书、多媒体数据库、视频会议等新颖多样的交际形式，反映了新技术的高科技特质（刘大燕，2010：63）。未来的多媒体，将继续沿着“高科技、人性化、多样化与智能化”（王红芳、乔孟琪，2018：98）这一发展趋势，为人类带来更便利、更丰富多彩和更高品质的生活。

而对于多媒体文本，大家也持有不同的理解。伊夫・甘比尔（Y.

Gambier, 2001: xi）认为，多媒体文本是多重符号，如自然语言、图表、非话语音频、动画等的聚合。从这个角度来看，像儿童漫画、广告、杂志等既结合语言表达、绘画且有各样版面设计的形式都视为多媒体文本。而根据斯内尔·霍恩比（M. Snell-Hornby, 2006），多媒体文本是由技术或涉及视觉媒体和声音媒体的电子媒体传递的文本。但不管怎样，多媒体文本不同于传统意义上的文本，是结合了信息代码和交际代码，包含了文字、图像和声音，并且具有三维性的超文本结构。多媒体文本具有两大特征：多重符号聚合性与交互性。多媒体文本的意义是文字和非文字符号（如图片、声音、颜色和版式等）的总和，多重符号共处于多媒体交际的大环境中。多媒体文本的交互性首先在于各符号间相互作用，共同完成意义的构建；其次在于接受者和文本之间相互作用，如个人与电脑、个人与电影电视等媒体的交互，所用媒体不同，交互程度各异。

因为多媒体和多媒体文本的含义丰富，范围广泛，导致多媒体翻译的概念模糊，范畴不定。因此，多媒体翻译包罗万象，涵盖范围广泛，包括以下内容：① 字幕翻译、配音之类的视听翻译；② 电影、家庭和公司录像之类的屏幕翻译；③ 戏剧和歌剧的翻译；④ 信息通信技术产品的本地化及互联网产品的翻译（王红芳、乔孟琪，2018: 99−100）。从这个范围看，多媒体翻译似乎囊括了一切与多媒体技术有联系的翻译行为。

4.1.3 多模态翻译

所谓“模态”（modality），用通俗的话说，就是“感官”，源自生物学与生命科学中的五种感知渠道——视觉、听觉、嗅觉、味觉和触觉，当这五种感知渠道用于交际时，就产生了五种交际模态（王红芳、乔孟琪，2018：100）。根据朱伊特（C. Jewitt, 2004: 184），模态是“有组织、有规律的任何表现及交流方式”，而朱永生（2007：83）认为模态是交流的渠道和媒介，包括语言、技术、图像、颜色和音乐等符号系统。顾曰国（2007：3）从人机互动中受到启发，认为人类通过感官与外部环境之间的互动方式就是模态，多模态即将多种感官融合。克莱斯和凡·莱文（G. R. Kress & T. van Leeuwen, 2001: 20）将“多模态”（multimodality）定义为，“在具体的社会情境中，同时被使用的多种符号资源，就构成了多模态”，强调社会情境与多样化符号资源的运用。莱文和施康隆（P. Levine & R. Scollon, 2004: 2）从社会语言学的视角出发，将多模态定义为“交际时所采用的多种模式，如言语、颜色、味道、图像等”，而诺里斯（S. Norris, 2006: 404）从社会互动角度出发，认为“言语交际方式与非言语交际方式（如手势、姿势）共同构成了多模态的社会互动”。不管怎样，多模态语篇会使用多种符号资源，不仅包含口语及书面语的语言符号，也包含图像、空间、颜色等构建语篇的非语言符号。

截至目前，学界还未有多模态翻译的具体界定。学界大致认为，多模态翻译有三层含义：既包含多模态话语的翻译，但不局限于广告、漫画、影视作品、连环画等的翻译，又涉及翻译中不同模态之间的转换或综合运用，如把诗歌改编成带音乐、图像、动漫等效果的作品，也包含把多模态相关理论应用到翻译教学和实践中，如运用网络技术搭建翻译语料库，利用多媒体技术展示多模态文本，调动学生的多种感官参与学习。也有学者把多模态翻译分为狭义和广义两个层面，从狭义而言，多模态翻译指实现意义重构的跨模态转换活动，如文字转换成图片、纯文字小说译成图文结合的儿童绘本；而广义而言，在狭义的基础上，还包括多模态语境中的翻译教学和实践。根据现有的文献资料，学界对多模态翻译的理解一致：其实狭义的多模态翻译就是第一、二层的多模态翻译，广义的多模态翻译就是包含三层含义的多模态翻译。

分析了视听翻译、多媒体翻译与多模态翻译的相关理论和概念，可以看出这三者之间既相互区别，又彼此联系。首先，这三者具有本质上的区别。视听翻译侧重的是视听文本的多符号、多维信息的转换，其实质是视听文化的翻译，如影视作品中跨语言和跨文化转换的翻译；多媒体翻译是依托于多媒体技术的翻译，翻译或转换过程的重点在于多媒体文本所使用的多媒体电子系统、媒介及渠道，如网络动画中的字幕翻译及涉及的信息通信技术产品的本地化；多模态翻译本质上是不同模态的话语之间的转换或翻译，强调多模态话语中多种模态信息的转换，如影视作品中语言、声音、图像等模态信息的翻译。其次，这三者之间密切相关，你中有我，我中有你。当视听文本的制作涉及不同符号或者不同模态时，视听文本就具有“多模态”的属性，而当视听文本的语言、声音、图像、颜色等呈现在多媒体屏幕上时，视听文本就具有“多媒体”的属性，正如尼葛洛庞帝（Negroponte）所言：“视听文本的视觉模态与听觉模态在多媒体技术的协调下，借助屏幕得以同步呈现，因此，视听文本不仅有多模态属性，而且有多媒体属性。”（引自王红芳、乔孟琪，2018：102）同时，多模态话语分析需要利用多媒体技术建立语料库，录制声音和图像，而多模态理论（尤指多模态话语分析理论）为视听翻译研究提供了重要的理论支撑，是视听翻译研究的必要理论（王红芳、乔孟琪，2018：102）；多媒体为视听翻译和多模态翻译的研究与实践提供了必要的技术支持，多媒体技术、信息技术与数字网络技术的发展推动多模态翻译和视听翻译的快速发展。因此，视听翻译、多媒体翻译与多模态翻译相辅相成，相互促进。

4.2　国内多模态翻译研究概述

多模态翻译研究吸引了越来越多学者的关注，已逐渐成为国内翻译界研究的一个热点。笔者于 2022 年 12 月 31 日用“多模态翻译”“多模态口译”对 CNKI 文献分别进行篇名和关键词检索，剔除书评、实践报告、会讯等文献类型，也去除与本研究范畴相关性小的文献，返回结果见表 4−1。

表 4−1　“多模态翻译”CNKI 的查询结果

年份	2009	2010	2011	2012	2013	2014	2015	2016	2017	2018	2019	2020	2021	2022
数量	1	1	2	9	9	19	14	16	27	35	60	59	76	51

4.2.1　研究总体趋势

由表 4−1 可知，这一研究领域在国内历时不长，最早的发文始于 2009 年李妙晴的《多模态下〈阳光灿烂的日子〉电影字幕翻译》，随后三年，共有 4 篇文章与多模态翻译有关，其后发文量开始增多，总体呈上升趋势。按照发文数量，大致可分三个阶段，即 2009 年至 2011 年的萌芽期、2012 年至 2016 年的形成期和 2017 年至今的快速发展期。在萌芽期，每年的发文量极少，就是 1 到 2 篇。从 2012 年开始，多模态翻译渐渐受到学界关注，发文逐步上升，由 2012 年的 9 篇上涨至 2014 年的 19 篇，而其后两年虽有所回落，但也稳定在一年 15 篇左右。从 2017 年开始，多模态翻译研究的发文量急速上升，进入了快速发展期，由 2016 年的 16 篇上升到了 2021 年的 76 篇。不过，2022 年有所回落，降到 51 篇，但是当前这一研究领域仍处于上升阶段。

4.2.2 多模态翻译研究内容分析

从期刊发文的情况看，国内学界对多模态翻译的研究主要从理论和应用两大领域展开。

1. 理论层面

许多学者注意到翻译研究的多模态转向，对多模态翻译的理论基础进行深度剖析，探讨多模态翻译研究的必要性和重要性，分析多模态翻译、视听翻译和多媒体翻译的区别与联系，构建多模态翻译研究范式，梳理多模态翻译的研究发展现状，提出未来的研究方向，如《媒介转向下的多模态翻译研究》（吴赟，2021）一文梳理了国内外多模态翻译研究的历史，从概念和意义出发，指出对外传播要重视多模态翻译研究的必要性和重要性。不少理论研究将多模态翻译与语料库、文本类型学、认知理论、语用理论、语境理论、符号学等其他理论结合在一起，深入探讨二者之间的分歧与共性，旨在寻求翻译策略的优化与选择，为传统翻译开辟新路，如胡富茂、宋江文、王文静（2022）基于多模态和语料库语言学研究范式，探讨多模态旅游翻译语料库的构建方法和技术路径。多模态语篇的翻译虽然主要涉及文字模态的翻译，但是模态间的关系对翻译过程有重要的影响，关系到译者的翻译策略和语言选择，因此多模态翻译中的模态关系引发了一些学者的关注，如蒋金洋（2018）结合马丁内克和萨尔维（R. Martinec & A. Salway）创立的图文关系系统和翻译目的论研究英汉双语儿童绘本中相应的翻译策略和语言选择。与此同时，一些学者意识到多模态文本译文质量评估不能仅停留在语言层面，而应结合原文模态间的关系，对译文的多模态再现进行综合评价，如傅悦（2013）利用社会符号学和系统功能语言学的理论框架，对《于丹〈论语〉心得》英译本进行多模态话语分析，考量其语言和非语言符号的概念功能、人际功能和语篇功能，评估译本的质量。虽然国内多模态翻译的理论研究才刚刚起步，但是这些理论层面的研究，在一定程度上丰富和拓展了多模态翻译研究，引发国内学界对于多模态翻译的关注、思考和进一步的探索、发展。

2. 应用层面

国内研究主要从以下两个领域展开探究：一是影视剧字幕的多模态翻译。这一类研究是多模态翻译应用研究的主要领域，吸引了众多在读研究生、青年学者的参与。一方面，影视作品涵盖图片、字幕、音乐、色彩等多种符号，是多模态表达的集大成者，可以有效利用多模态话语分析的相关理论进行字幕翻译的研究；另一方面，影视作品是现代社会非常重要的文化载体，有着大众性强，渗透率高的特点，一直是世界各国人民互相了解、互学互鉴的重要桥梁纽带。随着中国文化“走出去”战略的推进，越来越多的优秀国产影视作品走出国门。同时，中国善于引进各国的优秀影视作品。随着国内外影视作品字幕翻译需求的增多，吸引众多翻译爱好者的参与，为影视剧字幕的多模态研究提供了肥沃的土壤。影视作品字幕的多模态翻译研究一般以个案展开研究，从使用的理论来看，主要涉及张德禄提出的多模态话语分析的综合理论框架，少量涉及多模态话语分析理论，偶尔使用多模态语境和语义生成机制理论；从类型看，涵盖电影（各种电影，如京剧电影、红色电影、电竞电影）、电视剧、纪录片、音乐剧、情景剧、脱口秀、动漫等作品的字幕翻译研究；从语种看，主要涉及英译汉和汉译英的作品研究，少量涉及日译汉和汉译日的作品研究，偶尔涉及法译汉的作品研究。比如，吕健、吴文智（2012）采用张德禄提出的多模态话语分析的综合理论框架，从文化层面、语境层面、内容层面及表达层面这四个方面分别对《金陵十三钗》电影字幕汉译英翻译进行研究，帮助不同文化背景下的受众更好地理解和欣赏该片，弘扬影片中的人性魅力；尹明明（2020）以多模态话语分析为研究视角，以法国经典文艺片《两小无猜》（*Jeux d'enfants*）、《我会好起来》（*Je vais bien, ne t'en fais pas*）、《最美年华》（*Les plus belles années d'une vie*）三部影片的字幕翻译为研究语料，探讨法国经典文艺片的法译中翻译策略，以期为中法两国的影视合作提供借鉴；吕洁（2016）从多模态语境参数角度，以电影《血与骨》（*Blood and Bone*）为例，深度剖析字幕英译汉翻译中多种模态符号介入的语义生成机制，力图为字幕文本翻译建构相适应的理论框架和技术路径。这些研究扩大了多模态话语分析的研究领域，丰富多模态话语分析的理论框架，同时打破文本翻译研究的局限，为字幕翻译研究提供了新的视角，使我国影视字幕翻译事业更加全方位多元化。

二是多模态视角下的翻译教学研究，这也是多模态翻译的研究热点。随着翻译学科的迅速发展，现代教学技术和手段的提升和翻译教材的多模态化，越来越多的学者意识到翻译课程的多模态特点，开始关注多模态视角下的翻译教学问题，并根据教学实践提议建构多模态翻译教学体系。从多模态翻译教学研究涉及的层次看，涉及重点高校、普通本科院校、地方应用型本科院校、高职高专等不同类型学校中的翻译教学研究；从涉及的范围看，既有非英语专业的大学英语翻译教学，也有英语专业的本科和研究生的翻译教学；从课程类型看，包括笔译和口译教学；从课程内容来看，除传统的综合性翻译课程研究外，商务翻译和旅游翻译课程的教学研究占比较大，口译、视听翻译的教学也占有一席之地，还有少数研究是针对大学英语的翻译课程。从研究的内容看，涉及课程设置、教学内容、教学模式、教学方法和评估手段的改革；从研究的视角看，从语料库、教学环境、教学素材、教学平台等角度切入多模态翻译研究。例如，黄立鹤、吴赟（2021）借助贴真建模思路，从参与者、活动和系统三个视角对口译活动录像与情境化影视片段进行观察分析、数据提取，构建可触发学生贴真体验的多模态口译教学语料库；楚佳（2020）根据多模态理论，构建以提升应用型本科院校学生商务翻译应用能力为重点的商务英语翻译多模态教学创新模式，为应用型本科院校商务英语教学改革提供借鉴；陈晓、王家义（2022）依据旅游文本和翻译的多模态本质，采用新伦敦小组为培养多元读写能力而构建的“设计学习”教学模式，提升学生运用不同文化中多种模态的供用特征及互动机制进行旅游翻译的能力。多模态视角下的翻译教学研究是时代的要求，打破了传统教学模式和思路限制，给翻译教学课堂注入新的活力，其研究成果使翻译教学内容、教学手段、教学模式呈现多元化态势，多角度调动学生学习兴趣，有效提高教学效率，实现翻译教学质量的提升和发展。

除了以上两大领域的研究，其他领域的研究成果非常零散。近几年，一些学者关注到像绘本、图画书、典籍之类的印刷品、广告、网站页面、博物馆语篇等具有多模态性质的语篇翻译研究和多模态口译语料库的建设。王治国、储银娟（2021）以中国原创图画书作为个案，从图文兼顾和读者悦读两个维度，探析中国原创图画书英译的原则和策略；文军、杜琳（2022）利用克莱斯和凡·莱文提出的视觉语法分析框架，以大疆公司官网上两个旗舰产品的多模态语篇为例，分析该语篇的视觉模态传达出的互动意义和图文模态的糅合互动，在此基础上剖析并总结文字模态的翻译策略和方法，探讨译者如何通过对文本模态进行“操纵”实现多模态语篇在目的语中的最佳协同重构。

而多模态口译语料库的建设是一个新兴的领域，其语料资源库的建立和语料研究库的语料选择、语料预处理、多模态转写与标注、多模态库与文本库的转换、文件结构等问题至关重要，建成的多模态口译语料库能够弥补文字口译语料库的不足，更好地服务于口译研究。如刘剑、胡开宝（2021）基于多模态口译语料库研究英汉同传中数字漏译现象。这些研究成果丰富了多模态翻译的应用研究，也为未来的多模态翻译应用研究提供一些启迪。

从 2020 年开始，陆续有一些专著出版。王建华主编的《多模态文化翻译理论与传播研究》（2020）一共八个分册，包括多模态影视翻译理论、多模态戏曲翻译理论、多模态文化翻译理论、多模态认知与文化传播、北京戏剧文化多模态翻译传播、北京历史文化多模态翻译传播、北京建筑文化多模态翻译传播和北京民俗文化多模态翻译传播，表明文化传播的过程和传播的效果自然受到多模态文化翻译与传播理论发展的制约，其理论指导能力决定着文化翻译与传播的效果，更决定着不同国家与不同民族文化交流的能力和水平，因此，多模态文化翻译与传播理论建构研究能对中华优秀文化外译与传播发挥理论指导作用，并在理论建构过程中逐步实现中华优秀文化外译话语体系建设。张美芳和冯德正的《多模态视阈下的中英文笔译和口译》（*Multimodal Approaches Chinese-English Translation and Interpreting*）（2020）是劳特利奇笔译和口译研究进展系列丛书（Routledge Advances in Translation and Interpreting Studies）之一，介绍和应用多模态话语分析的不同理论来研究翻译，并以美猴王、木兰、孙子兵法等中国经典为例，以及对包括中国“一带一路”倡议和澳门旅游在内的最新问题的解释。该书首次尝试将多模态方法应用于翻译和口译，特别侧重于汉英翻译和口译，为有兴趣研究与汉语、文字和文化有关翻译的研究人员提供了对多式翻译过程中转换的新理解和有用的参考模型。钟泽楠的《国学典籍多模态翻译研究》（2021）尝试提出典籍多模态翻译理论框架，以主题与主题倾向作为搭建典籍多模态翻译机制的主线，观照社会符号学视角构建的意义传递和现代化重构为主要转化手段，再辅以核心概念的隐喻化表征，形成主题、概念和意义三位一体的典籍多模态理论框架。该多模态翻译理论框架融合了多个语言学理论研究典籍的多模态翻译过程，找出其中的符号转换规律，以期指导典籍多模态翻译实践，为我国传统文化的“创造性转化”与“走出去”战略提供理论支撑。其研究成果将能够引发学术界对我国的典籍多模态翻译作更多的思考和研究，推动中西方文化的进一步融合和跨界学术的互相学习和共同发展。杨雨红的《多模态视域下的电视口译意义生成过程研究》（2022）以克莱斯和凡·莱文（G. R. Kress & T. van Leeuwen, 2001）所创立的社会符号学流派的多模态传播理论为理论基础，结合社会语言学、传播学和视听翻译研究的相关成果，对从中国电视频道上收集的有同传译员参与的直播语料进行全面充分的描述讨论，探讨在电视口译语境下意义是如何由多模态符号资源建构这一核心问题。

3. 存在的问题

虽然在过去十多年间，国内多模态翻译研究已经取得了一定成就，但是跟国外翻译学界在多模态应用领域的积极尝试相比，仍有一定的差距和不足。通过前文的文献梳理，可以看出国内多模态翻译研究的总量不多，发文期刊级别不高，在学界并未得到充分重视。2022 年发表的 51 篇多模态翻译文章中，仅有 7 篇发表在 SCI、EI 和 CSSCI 来源期刊上，其余 44 篇均发表在普通期刊上，难以形成一定的影响力。

从理论研究看，国内学界对多模态翻译的概念界定不明，对于其研究的对象、方法等没有形成一致的认识，导致多模态翻译被误用或者滥用，或者与多媒体翻译或视听翻译混淆。国内尚未形成成熟的多模态翻译理论，未能对多模态翻译实践起着指导和统领作用。与此同时，国内学者更多关注模态内的翻译研究，极少研究模态间翻译的相关问题，后者将原文本的符号模态转换为与之不同的符号模态，更能体现翻译的创造性。从应用研究看，目前国内的研究主要局限在影视翻译和多模态教学两大领域。其中，影视翻译研究多以某部影视作品为例，以字幕翻译为主，绝大多数采用张德禄的多模态话语分析的综合理论框架，从文化层面、语境层面、内容层面及表达层面分析影视作品的字幕文本翻译，或者研究图文关系对于字幕翻译的语言选择和翻译策略，属于模态内的翻译研究。对字幕文本语类的多模态译介情况和影视作品内部多模态资源分布情况缺乏整体观照，少有讨论影视画面中不同模态的转译问题，因此，研究视角单一，重复研究多，所得观点往往大同小异，没有新意，研究不成体系。少有研究从多模态视角探讨戏剧、歌剧等舞台表演形式以及漫画、儿童绘本、网站、网络游戏、科技文本、典籍等应用文类的翻译问题。在多模态教学领域，有些研究对于多模态教学理解不到位，或者概念混淆，单纯把多媒体技术的运用简单地理解为多模态教学。教学研究更多地停留在表面，讨论开展多模态教学的意义与方法，或者单纯讨论教学活动本身的多模态特征，极少讨论不同模态以及模态关系对教学的作用。从研究方法看，以定性分析、个案研究为主，缺少定量定性相结合的研究及实证性研究，纵向对比和横向对比少，对于多模态翻译教学效果的评估研究较少。

习近平总书记在党的二十大报告中对“增强中华文明传播力影响力”作出重要部署，强调“坚守中华文化立场，提炼展示中华文明的精神标识和文化精髓，加快构建中国话语和中国叙事体系，讲好中国故事、传播好中国声音，展现可信、可爱、可敬的中国形象”[1]。在“讲好中国故事”的国家战略背景下，我们要做好中国故事多模态翻译的理论研究和实践，创新对外译介中国故事的理念与路径，丰富中国的对外话语表达形式，帮助受众更好地理解与认知中国故事，为促进中外交流的和谐发展作出努力。

4.3　中国故事的多模态翻译

什么叫“中国故事”？在笔者看来，所谓“中国故事”，是指凝聚了中国人在政治、经济、文化、社会、民族等各个领域共同经验与情感的故事，蕴含着中华民族独有的精神气质。“中国故事”是对于“世界”而言的，面向世界的中国叙事才是真正的中国故事，中国故事只有在面向世界的时候，才会真正获得其应有的内涵，应当具有“世界性”，并成为世界故事的一部分，为世界文明作出贡献。中国故事是中国文化输出的重要组成部分，对于构建全面、真实、立体的中国形象，提升中国的文化软实力具有重要意义。“讲好中国故事”就是立足中国、着眼世界，以丰富的中国故事资源为题材，向全球传播中国故事，充分展示中国文化的内涵与魅力，有效提升中国的文化软实力。

习近平总书记把“讲好中国故事，增强中华文明传播力影响力”提升至治国理政的战略高度，指出“讲好中国故事”是加强我国国际传播能力建设的重大任务。增强中华文明传播力影响力，翻译是必经之路，正如国内翻译传播理论研究的先驱者吕俊（1997：40）所言：“翻译学是传播学的一个分支，是传播学的一个有一定特殊性质的领

1　https://theory.gmw.cn/2022-10/27/content_36117419.htm

域。”罗选民（2012：5）认为：“翻译的作用在一个民族的文化转型时期显得尤其重要，其功能没有其他学科可以替代，它与一个国家的现代性、一个民族的振兴息息相关。”

以互联网为主导的现代技术革命和交际方式的改变给文本形态与内部结构带来了深刻变化，文本要素及其表意手段正日益呈现多模态趋势。图画、视频、超文本等多模态媒介成为大众阅读世界、与世界互动的主要途径，其意义的建构与传播具有纸质媒介无法比拟的快捷性、直观性和愉悦性。因此仅以文字这种单模态形式对外传播中国故事，已经不能满足当今读者对多模态文本的阅读需求。在这样的背景下，翻译要从“单模态”走向“多模态”，结合语言和非语言符号系统，以生动、形象的多模态文本对中国故事进行多元的叙事，促进外国受众对于中国文化中蕴含的中国精神、中国价值、中国力量的理解与接受，提升“讲好中国故事”的力度和效度。

翻译不仅仅是语言文字的转换活动，更是各种符号资源参与意义构建的认知活动，也是跨民族、跨文化、跨语言的多模态信息传播行为，这就决定了这一领域的跨学科性，需要翻译学、语言学、社会符号学、传播学等学科学者通力合作，构筑成这一领域牢固的人才基础，共同推动学科发展。一方面，要加强中国故事多模态翻译的理论研究，在借鉴吸收国外理论和研究方法的基础上，能结合本土的实际情况，进行批判性思考和创新，构建本土中国故事的多模态翻译理论体系和分析框架，并在不断的实践中发展与完善。例如，罗选民（2019）提出的大翻译包括了雅各布森提出的三类翻译：语内翻译、语际翻译、符际翻译，是文化记忆理论视域下国家形象建构与文化传播的“全方位”“立体化”发展理念，旨在形成翻译跨学科研究的理论纽带，建设我国自成体系的翻译理论，从新的角度审视国家形象建构与文化传播。另一方面，要加强多模态翻译的实证研究。应多开展实证性、应用性、对比性研究，提升论证的科学性，实现中国故事多模态翻译的应用价值和经济价值。在实践过程中，要运用图像叙事、视听叙事、超文本叙事等策略增强中国故事在对外译介中的塑造力、感召力和感染力；要发掘语言符号和非言语符号之间的互动联系，探索在翻译实践中以多模态符号文本来直观、形象地诠释和传播中国故事；要注重研究模态间的转译问题，更好地考察多模态资源配置方式和模态关系对中国故事翻译质量产生的影响；等等。例如，吴赟、牟宜武（2022）探析多模态翻译“新叙”中国故事的路径和策略，为在国家翻译中运用多模态翻译对外译介中国故事、增强中国故事的传播效力提供了参考。

对外译介中国故事的形式多种多样，可以将承载中国故事的各类文本翻译改写为多模态文本，让国外受众可以“看到”“听到”甚至“触摸到”中国故事。在这过程中，国家是中国故事多模态翻译的主要策划者、赞助者和监督者之一。其中，中国宣传片是中国故事对外传播的载体之一，承载着塑造中国形象和提升国家国际影响力的重要使命。

4.4　他塑视角下中国国家形象宣传片的多模态翻译

前文提到，在 2009 年之前，中国宣传片是由海外媒体独立拍摄制作的，或是海外媒体为主，中国媒体为辅合作拍摄制作的。2009 年之后，除了自拍宣传片，中国与更多的国家合作拍摄，题材涉及中国现实社会的各个方面，如中美英三国合作的《我们诞生在中国》（2016）、中英合拍的《你所不知道的中国》（2017）、中俄合拍的《这里是中国》（2018）、中新（新加坡）合拍的《畅想中国》（2019）、中英合拍的《中国的宝藏》（2019）、中法合作的《海上来客》（2021）、中英合拍的《行进中的中国》（2021）等。与此同时，英国、美国和日本这些纪录片制作技术先进的国家都先后单独拍摄了中国题材的纪录片，如 2000 年之后，BBC 拍摄了与中国相关的纪录片就有《今日中国》（2006）、《中国的动荡与崛起》（2006）、《中国学校》（2008）、《中国资本主义革命》（2009）、《中国人要来了》（2011）、《全球变化最快的地方》（2012）、《中国是如何愚弄世界的》（2014）、《中国的秘密》（2015）、《我们的孩子怎么了》（2015）、《中国新年》（2015）、《中国故事》（2016）、《中国改革开放的故事》（2018）等。

他塑宣传片完全就是他国语言主导的，同时，合拍宣传片的脚本、字幕主要是以占主导地位的合拍方的语言为准。这些宣传片在国内的放映就涉及把外文翻译为中文。但是宣传片是包含图片、文字、声音等多种模态的语篇，其解说词的翻译不同于一般的文本翻译，只局限于单模态的翻译，会受到诸如图像、声音、排版布局等各种模态以及各模态互动关系的影响，属于多模态翻译的范畴。而海外合作方或制片人的文化背景、思维方式等跟国内受众不一样，塑造的中国形象未必能反映出真实的中国。那么，译者在致力于国家形象建构的翻译中，要注意解说词的准确性，借鉴外国有效经验的同时，抵制错误的说法和成见（武建国、李玓桥、张宏珊，2021：32），根据模态的关系，灵活地把内容表达出来。因此，他塑视角下宣传片的多模态翻译就成为合拍宣传片或者他塑宣传片内宣的重要一环。

本节选取 BBC 和央视拍摄的纪录片《美丽中国》作为研究对象，是基于以下三个方面的考量。一是该纪录片是 BBC 英国广播公司和中央电视台的首次合作，BBC 负责脚本的撰写，CCTV 提供修改意见，这样的模式可以确定该纪录片的内容完全是从西方视角出发。二是该纪录片创作了 BBC 和央视两个版本。对比两个版本的解说词，结合模态之间的关系，可以清晰看出模态关系是如何影响解说词的汉译。三是为了探讨合拍片这种形式能否正确表现中国的形象，假如不能，译者在翻译时要采取哪些翻译策略，以降低观点和内容的偏颇。

4.4.1　分析框架

多模态语篇是一种含有多元且复杂符号系统的语篇，有很多因素影响其意义的构建。翻译多模态语篇时，译者不仅要考虑文本模态的翻译特征和规范，比如语法、词汇、篇章，还要注意非语言符号模态对文本意义构建的影响，不仅要翻译单个模态符号的意义，同时更要把握各模态之间的逻辑互动对翻译带来的影响。显然，多模态的翻译涉及多种模态的翻译，具有复杂性，给翻译研究和实践带来了新的挑战。要做好多模态翻译，译者首先要正确解读语篇涉及的各个模态，分析语篇中隐含的不同认知机制支配的表意资源，尤其要厘清不同模态符号之间的逻辑关系。

张德禄根据多模态话语分析理论，把各个模态之间的关系分为互补性和非互补性两大类。当一种模态无法充分表达意义或表达全部意义，需要另一种模态补充，他们之前的关系就是互补关系，分为强化（细化为突出、主次、扩充）和非强化（细化为交叉、联合、协调）两种关系。当第二种模态对第一种模态的意义表达没有大的贡献，但仍以一种模态出现，二者的关系是非互补关系，分为交叠（细化为冗余、抵消、排斥）、内包（整体与部分、抽象与具体）和语境交互（细化为独立、依赖）三种关系（张德禄，2009）。在多模态语篇中，文本和图像是传递信息的主要媒介。德拉巴斯蒂塔（D. Delabastita, 1990: 97－109）认为视听语篇的意义可由听觉和视觉相关的符号来传达，包括语言符号和非语言符号，并基于古典修辞学，提出了符号跨码转换的三种类型：添加、删除和替代。这对宣传片多模态的翻译策略提供了一些启示。翻译作为语际迁移，跨越传统翻译的界限，其结果是翻译和改编的界限变得模糊，正如哈钦（L. Hutcheon, 2006）指出，现代的翻译理论已经发生了变化，传统上强调的忠实和对等不是唯一的原则，源文本不再处于至高无上和权威的地位，翻译和改编的概念变得不那么明显。同时，来自西方国家的合作方，不管是受政府控制或赞助的，还是私营的媒体，不可避免地受到意识形态和利益集团的影响，具有一定的政治倾向性，所以他者视角下拍摄的合作宣传片，原语的解说词不一定真实反映其拍摄对象的全貌，有时甚至失之偏颇。为了维护国家形象和自身的话语立场，合拍宣传片的解说词外译中的过程中，面对国内受众，要有策略地对这些语篇进行话语重构，避免成为西方霸权主义意识形态的传声筒和应声虫，这也符合勒菲弗尔（A. Lefevere, 2004）提出的翻译改写及操纵理论。本节进一步将宣传片的翻译策略细分为：改写、增译、减译和省略。

本节在有机结合上述三种理论的基础上，提出一个适合合拍片或他塑宣传片解说词多模态外译中的研究模式（图 4–1）。同时，本节利用该研究模式，从改写、增译、减译和省略四个方面探讨 CCTV 版本《美丽中国》的英译中策略，从而达到话语重构，重塑国家良好形象的目的。

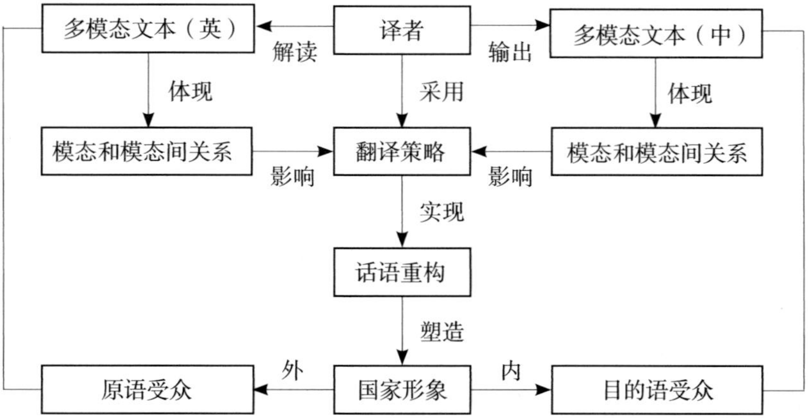

图 4–1　合拍宣传片的外译中多模态翻译分析模式

4.4.2　案例分析：《美丽中国》解说词的多模态翻译

1. 语篇的多模态关系与 BBC 凸显的中国负面形象

前文对《美丽中国》的内容层面分析已提及这部宣传片中图像模态和文字模态间的关系，主要是以非互补关系中的交叠关系或内包关系为主，有时也呈现互补非强化关系（协调关系、联合关系）和互补强化关系。下面主要探讨 BBC 利用这些模态间的关系所突显的中国负面形象。

（1）中国无所不吃的陋习

纪录片展示了中国人民以食为天的理念，反映不同民族各自的饮食习惯，但是有时为了迎合受众的口味，符合西方视角的认知，夸大了内容，或者以偏概全，塑造了负面的形象。在第 1 集《锦绣华南》中，解说词显示“在中国，但凡能吃的东西都不会被浪费”，并提及南方的一种说法：“We will eat anything with legs except a table and anything with wings except a plane.”画面同步显示的“老耿把小鱼、虾米、蜻蜓蛹等收获物在屋顶上摊开晒干，然后镜头放大这一摊腥臭的河鲜。”文字模态表达出“中国人啥都吃”的意思，图像模态没有增加新的信息，只是把一些文字信息视觉化，因此，BBC 利用两种模态非互补的交叠关系刻意表现中国人无所不吃的饮食习惯。为了强化中国人“什么都吃”这一标签，纪录片先后提及几乎被当作食物剿杀殆尽的斑龟（第一集），基诺族砍伐森林，手挖丛林蟹（第二集），傣族人追捕野生蜜蜂吃其幼虫（第二集），为了增强体质和美容养颜，广东人吃蛇（第五集）等一系列画面和相应的文字信息，塑造了中国人为了口腹之欲，破坏环境，甚至残忍杀害动物，导致一些动物濒临灭绝的负面形象。这会让受众对纪录片所传递的“天人合一”，人与自然和谐共生的真实性产生怀疑，反而把中国人跟环境的破坏者联系起来，降低甚至抹杀中国人为与自然和谐相处付出的努力。中国的食物来源丰富多样，但是西方受众对于很多食物是不认同，不接受的，纪录片的内容加深了西方受众对于中国饮食文化的偏见。

（2）中国社会环境问题

他者拍摄的宣传片，有时如同新闻报道，媒体会根据其政治立场、编辑方针以及利益关系对相关事实进行选择处理，通过“框现”部分事实、“选择”部分事实以及主观“重组”这些社会现实，赋予语篇特定意义，从而对受众产生特定的影响（张克旭等，1999）。21 世纪初，西方社会经常一味指责抨击中国的社会环境问题，忽视中国政府和人民在改进社会环境问题，保护物种多样性等方面所作出的努力和改进，以及所取得的成绩。BBC 作为西方媒体，非常会迎合市场受众的口味，制作内容的观点素材会向受众的预期靠拢，以吸引更多的关注，获得良好的国际传播效果。这是导致 BBC 塑造与真实情况有所偏差，甚至负面的中国形象的一个原因。BBC 有意选择社会环境这一有争议的话题，塑造中国人口众多，无法与环境和谐相处的负面形象，引发受众的广泛讨论和思考，进而影响他们对中国的认知。

BBC 在第一集开篇旁白中就明确指出，这片美得令人窒息的土地同样面临着众多社会环境问题，以博得受众眼球。文字模态是“We know that China faces immense social and environmental problems”，画面依次显示江南水乡出殡时，点燃鞭炮造成很多的烟雾，装满货物的一辆辆卡车行驶在遭遇沙尘暴的公路上，巨大的烟囱不断排放出大量黑烟。图像模态没有对“中国有很多社会环境问题”这个整体意义有新的贡献，但是用具体事件（部分）表明社会环境问题（整体），因此，BBC 利用文字模态和图像模态非互补的内包关系来凸显中国的社会环境问题，塑造中国的负面形象。在第 5 集《沃土中原》中用历史影像资料提及中华人民共和国成立初期，中国人在“人定胜天”观念的指导下，把各种土地变成耕地，开展除四害（老鼠、麻雀、苍蝇、蚊子）和大炼钢铁的运动，导致环境恶化，对生态系统影响至今。随后纪录片用文字和图像显示黄土高原水土流失严重，导致西部地区很多城市会受到沙尘暴的袭击。接着又提到秦岭山地遭到大量砍伐，导致野生熊猫只能生活在隔离的保护区，并细数中原地区经历了沙漠化、河川干涸与森林砍伐等环境问题，影响人和野生动植物，导致人和自然失衡的现象。作为旁观者的 BBC 毫不隐讳地表达自己的疑虑和担忧。据武建国等（2021：38）统计，“人口稠密”一词在 BBC 版本中出现了 16 次，有时画面显示的是动物在海岸边悠闲地游弋，而文字模态显示“如此和谐的关系在中国人口稠密的海岸难得一见”。BBC 用两种模态的非强化协调关系暗示中国人口众多，不仅无法为野生动物提供足够的食物和栖息地，还不断破坏它们赖以生存的生态环境，是野生动物的竞争对手，潜移默化地影响受众对于中国“天人合一”的认知，种下怀疑的种子：“空间有限，但是人口众多的中国能否与动物和谐相处？”并发出疑问：“中国能调和人民对现代化的渴望与保护环境的长期需求吗？”画面采用中国老人打太极的手臂（传统）和建筑工地的机械手臂（现代建设），形成的对比性画面，结合两种模态的非强化协调关系，暗示现代化的建设会和环境保护产生不可调和的矛盾。同时，BBC 从审视者的角度严肃认真地提出北京举办奥运会，首要任务是改善空气质量，指出中国在全球未来的环境发展中起着重要作用，应起表率。BBC 只是显示了部分事实，没有显示全貌。当 BBC 拍摄《美丽中国》时，中国早已纠正历史上的错误，尽力弥补已经造成的危害，并已经意识到经济发展带来的环境问题，开始着手治理各种问题，有些已经初显成效，如立法保护水资源，治理各种水污染，建立各种自然保护区，保护各种珍稀动物等，并不断寻求更好的办法来实现经济、环境可持续的发展。

2. 改变“他塑”形象的多模态翻译策略

作为宣传片的译者，译出时应重视建立良好国家形象、争取国际话语权，译入时则应注意在积极传递国外有价值思想的同时，维护正面国家形象，防止某些偏激观点对社会稳定与发展造成负面影响（邓静锶、王祥兵，2020：50）。由于历史、政治等原因，英国或其他一些西方国家，总是对中国有偏见或者误解，这在《美丽中国》BBC英文版中有所体现。译者在翻译时，要利用一些翻译策略，有意削弱BBC构建的负面形象，纠正一些夸大其词的话语，维护国家的正面形象。CCTV作为中国的官方媒体，更有责任和义务纠正他国或他人因为政治、经济等原因夸大本身具有争议的内容或扭曲问题的本质，通过翻译策略，重构话语，维护中国的形象和话语立场。本节以CCTV的译文版本为例，探讨译者是如何发挥主体性，通过改写、增译、减译和省略等策略重构话语内容。

（1）改写

翻译中的改写指的是对原文进行一定程度上的调整，以使译文与译者所处时期的主流意识形态和诗学形态相符，从而达到让改写的作品被尽可能多的期待读者接受的目的（A. Lefevere, 2004）。原文和译文的语言结构大相径庭，改写使译文的语言形式作出适应性转化，提高译文的可接受性。更多情况下，译者受到文本外的因素，如意识形态、文化、情感等影响，以目的语受众为中心，寻求译文传递和阐释其文化内涵，旨在达到译文意图的交际目的，选择改写策略，达到整合适应选择度更高的翻译效果。一般情况下，改写分为有意识的改写和潜意识的改写。译者想方设法使自己的译文忠实于原文，但由于受到自身认知的限制，对原文的理解与原文作者、其他译者和读者的不一致，导致译文跟原文对比有所调整导致的改写，这是潜意识的。而译者受到某些因素的影响而有意改动和操纵原文，向目的语读者传递不一样的信息，这是有意识的改动，也是勒菲弗尔提及受到意识形态、赞助人、诗学等因素操控的翻译。

例 1

原文：The birds are, in effect, slaves. But they are not stupid.
译文：这些鸬鹚虽然被驯化了，但它们是一种非常聪明的动物。（第 1 集）

在例 1 中，BBC 用“slaves”一词描述鸬鹚，将鸬鹚比作渔民的奴隶，在文字模态上刻画出鸬鹚被迫为渔民工作、饱受压榨、毫无自由的悲惨境遇，结合渔民利用鸬鹚在漓江上抓鱼的画面，同中国宣扬的人与自然和谐相处的理念相矛盾。BBC 利用两者模态非互补内包关系塑造出中国渔民为了自己的私利，无情利用、压榨动物的负面形象。CCTV 倾向宣扬的是人和自然界和谐共生的理念，有责任扭转负面形象，淡化不利影响，所以将“slaves”这个贬义名词改译为中性动词“被驯化”，客观说明中国人是资源的利用者。渔民驯化鸬鹚，利用他们捕鱼的同时，也会给他们喂鱼作为奖赏，二者之间是互惠互利，是人和动物和谐相处的典范。

例 2

原文：We will eat anything with legs except a table and anything with wings except a plane.
译文：当地的人们都有这样的习惯，不浪费任何有价值的东西。（第 1 集）

BBC 用这个说法给中国人贴上“啥都吃”的标签，是西方社会对中国饮食文化的一种偏见，也变成了对中国饮食的刻板印象。CCTV 作为中国的媒体，从情感上无法接受这种偏见和刻板印象，结合图像中的小鱼、虾米等食物，改译为“不浪费任何有价值的东西”，在很大程度上消除了歧义，减少偏见，塑造了中国人民勤俭节约，不愿浪费的美好品德。

例 3
原文：The people who live here are among the poorest in China. 译文：耕作的艰辛练就了当地人坚忍不拔的性格。（第 1 集）

在例 3 中，谈及住在喀斯特地貌环境中的老百姓的生活，BBC 只是陈述由于喀斯特地貌造成土壤贫瘠，易干旱缺水，狭小的耕地散布在突出的石灰岩之间，不易耕种，导致人民生活水平落后这一事实。而 CCTV 面对的是国内受众，希望塑造积极正面的形象，并根据图像模态，把文字模态改译成“耕作的艰辛练就了当地人坚忍不拔的性格”，传达苦难磨炼人的意志，锻造美好品德的内涵。

（2）增译

一般而言，增译是指由于英汉两种语言的不同语言习惯、行文方式和思维方式，在翻译时，增加一些词语，或者句子等，补充原文省略的信息，以便更忠实通顺地表达原文的内涵。鉴于宣传片对内具有构建民众对国家的有效认同，起着凝心聚力的作用，因此在宣传片英译汉的翻译过程中，增译主要是为了使译文的遣词造句符合我国主流话语体系的表达习惯，符合我国的意识形态认知立场，达成对原文信息的充分理解。宣传片有时也补充一些原文没有的信息和观点，积极凸显译者的主体性和重要作用，向受众传递更多正能量的内容，激发民族自信心、自尊心和自豪感，提升国家认同感，或是引导受众正确面对并批判性地看待原文语篇背后具有偏见的潜台词，从而达到警醒受众对抗不公正叙事的目的。

例 4

原　文：This is the ancestral home of China’s largest and rarest reptile. A creature of mystery and legend.

译文：这里就是中国体型最大最珍稀的爬行动物扬子鳄的家。扬子鳄被世界公认为全球 23 种鳄类中最濒危的物种。不过，现在人工孵化扬子鳄的技术难题已被攻克了。（第 1 集）

在例 4 中，BBC 通过英文版向世界介绍中国的各种珍贵物种和壮丽风景，所以介绍的信息比较简短。CCTV 则希望将《美丽中国》作为一个媒介，让国内受众更加了解自己的祖国，因此，译者增加了扬子鳄的一些相关信息，普及知识，同时顺承图像中两人即将做的事情（划船到小岛上照顾刚孵化的扬子鳄）。受众对扬子鳄的处境有所了解，同时为中国攻克人工孵化扬子鳄的技术难题感到自豪和骄傲。

例 5

原文：Anti-poaching laws are now actively enforced.

译文：1989 年，中国的野生动物保护法开始实施。（第 3 集）

例 6

原文：But the engineers have made efforts to incorporate underpasses where wildlife can cross the line in safety.

译文：为了使藏羚羊和其他野生动物能安全越过铁道线，设计者们预留了通道。2004 年 6 月，第一批藏羚羊穿越青藏铁路，前往可可西里腹地产仔。（第 3 集）

例 5 和例 6 中，BBC 只是提及野生动物保护法已实施和青藏铁路为野生动物预留了通道两个事件。但是译成中文时，CCTV 在例 5 中增加了野生动物保护法开始实施的年份，在例 6 中增添第一批野生动物使用该通道的信息。《美丽中国》的主题是通过人和自然的关系，传递“天人合一”的古老智慧。西藏作为中国的重要组成部分，也是我国政治和生态都敏感的一个特殊区域，CCTV 有必要具体说明中国政府为保护西藏生态所作出的努力。随着国际社会越来越关注经济发展和环境保护之间的平衡，我们早在 1989 年就立法保护野生动物的这一举措，能够表明我们保护环境的决心，因此译文中要增加年份。青藏铁路给人们带来交通的便利，但是会影响当地的生态环境吗？原文只是提及青藏铁路为野生动物预留了通道，并没说明效果如何。为了消除外界的疑虑，译文中增加了藏羚羊成功使用该通道的信息，表明青藏铁路的建设没有影响野生动物的迁徙。

（3）减译

减译是跟增译相对应的方法。减译就是删去一些可有可无或有了反而累赘或违背译文表达习惯的词。减译在宣传片外译中的翻译过程中使用得非常广泛，一方面是考虑到我们的文化语境和意识形态，删去一些不符合我国主流话语体系表达习惯的话语；另一方面是视角的不同。他者身份拍摄的视角是从外视角拍摄的，帮助海外受众了解中国，呈现探究的姿态，而翻译时，译者是从我者的角度出发，从内视角审视，因此省去一些可有可无或者众所周知的信息，凸显重要信息，使语篇更加简洁连贯。

例 7
原　文：Despite being classed as a protected species giant, salamanders are still illegally sold for food and the baby fish is now rare and endangered in the wild. 译文：大鲵被我国定为国家二级保护动物。（第 1 集）

BBC 版本中，例 7 的这句话承接了其上一句的内容——中国人认为大鲵味道鲜美，因而仍然被当作食物非法买卖——一脉相承地塑造了中国人为了口腹之欲，不尊重自然，吃珍贵的野生动物，甚至导致野生动物快要灭绝的负面形象。这会让西方受众联系到现实生活中，非法动物售卖屡禁不止，更多的野生动物濒临灭绝，从而把责任和罪名归咎于中国。CCTV 为了降低这种负面影响，对文字模态采用减译的方式，保留图像，突出大鲵稀少，受到保护的事实，让国内受众了解，从而种下保护的意识。

例 8

原　文：An area the size of Germany covered in sand dunes through which the Silk Road traversed.

译文：塔克拉玛干沙漠面积达 30 万平方公里，难以想象，这是海洋一样广阔的死寂。（第 4 集）

例 9

原文：Its central part is a windswept and freezing wilderness the size of Western Europe.

译文：中部地区气候恶劣，常年被风雪笼罩。（第 3 集）

例 8、例 9 很好地解释了内外视角的不同。当介绍到中国相关的地理文化知识时，BBC 常常采用类比的方式帮助受众理解。BBC 分别用德国和西欧的面积来类比塔克拉玛干沙漠面积和西藏中部地区面积，帮助受众直观了解。但是对于国内受众，这些类比是多余的，因而 CCTV 版本采用文字减译方法，省去 the size of Germany 和 the size of Western Europe 冗余信息，让译文更加简洁连贯。

（4）省略

在翻译中，减译和省略常常联系在一起。但在宣传片的翻译过程中，省略是指完全删除语篇的某些部分。因为宣传片翻译强调正确的价值导向，注重身份认同感，因此应将与事实不符、不合理的内容删去，以免引起争议，同时坚定自己的话语立场，维护国家形象。

对比 BBC 和 CCTV 版本，我们发现 CCTV 主要在碰到以下四种情况时做了删减或者省略。

① 与事实不符的情况。在 BBC 版本第一集，解说词提及“In Chinese rural life everything has a use；dried in the sun manure from the cowsheds would be used as cooking fuel.”图像显示一个妇人在晒牛粪，二者模态是非互补内包关系，呈现了苗族人近乎原始的生活方式。但在现实生活中，农民的生活条件得到了很大的改善，使用煤炭、燃气或者电来做饭在绝大部分的中国农村成为常态，因此，CCTV 选择了保留画面，但是省略翻译这句与普遍现象相违背的陈述，维护了正面的形象。

② 前后矛盾的地方。BBC 版本第二集提到傣族人与当地环境关系并不和谐，但是傣族人把森林视为神圣不可侵犯的，很多森林通过自然保护区的形式保护起来。画面显示的是傣族青年破坏森林，追踪黄蜂，后面显示傣族男子食蜂巢中的幼虫画面时，文字模态又显示他的付出获得了回报。前面是对此现象的不满，后面又称赞这是智慧的战利品，前后矛盾，因此 CCTV 对此做了删除。

③ 偏见。前文提及 BBC 对于中国人的饮食习惯有一些偏见，因此在制作内容时，把很多动物，尤其是野生动物都跟“吃”联系在一起。比如第一集讲到斑龟，BBC 版本字幕显示“Soft shell turtles are considered a god-made delicacy by many Chinese... The rest of its kind having been rounded up and eaten”；讲到大鲵，解说词是“But like so many Chinese animals，it is considered delicious to eat.” BBC 只是片面关注一些动物可作食物，而不探究其背后的原因或者药理作用。CCTV 版本为了纠正偏见带来的负面影响，维护国家形象，在翻译时选择省略，或者用一些科学知识取代。

④ 政治敏感部分。在第五集中，BBC 用历史影像资料讲述中华人民共和国成立初期，为了解决温饱问题，在“人定胜天”观点指引下，采取的一些极端做法对环境造成的影响。CCTV 认为《美丽中国》是关于中国野生动植物和自然人文景观的大型电视纪录片，不宜涉及政治内容，所以删除了这段图像和内容。在第六集中提到的南海，BBC 语篇是“whole region has become a political hot spot as territorial disputes simmer”。南海本是中国固有领土，自古以来就是中国海域的一部分，这一点是有充分的历史和法律依据，不容置疑。中方在这方面的立场是明确的、坚定的、毫不退缩的。南海争端严重损害了中国主权，制约了中国的快速发展，造成中国与周边国家的冲突，破坏了亚太地区的稳定。为了维护国家形象，坚定我们的立场，CCTV 版本省略了这句话。

为了纠正和弱化他者塑造的负面的国家形象，CCTV 版本利用了四种多模态翻译策略，即改写、增译、减译和省略，根据我国政治话语体系表达特点，改写、增加或者减少部分话语内容，删除编造的、不合理的、敏感的内容，从而对话语进行重构，消除偏见和刻板印象，重塑良好的国家形象。

4.5　自塑视角下中国国家形象宣传片的多模态翻译

随着美国学者约瑟夫·奈“软实力”理论的提出，各国开始重视自身国家形象的构建。进入 21 世纪以来，随着中国的综合国力显著增强，成为世界第二大经济体之后，中国意识到国家形象建设的重要性，开始积极谋划部署，而提升国家形象的“硬广告”——宣传片的拍摄和对外传播工程也明显加快，开始了自己积极主动构建对外国家形象。中国于 2010 年开始启动宣传片的拍摄工作，并于 2011 年正式发布了第一部中国宣传片《人物篇》和《角度篇》，中国国家形象对外传播进入“自塑”阶段。自主拍摄的宣传片其解说词大部分是中文，在制作过程中，涉及解说词的英译。要保证宣传片达到预期传播的效果，提升国际良好形象，除了画面的精心构造，音效的用心制作，解说词翻译的质量至关重要，直接影响受众对其内容的理解。自塑宣传片解说词的中译外翻译也属于多模态翻译的范畴。

4.5.1 分析框架

翻译不只是一个简单的译码和重组的过程，更重要的还是一个交流的行为。因此，翻译不是一个纯语言的行为，要考虑语言所依附的文化。巴斯内特（S. Bassnett, 2002: 102）认为，翻译应以文化作为翻译的单位，要实现文化功能对等，要发挥译者的主观能动性，以满足文化的需要和一定文化里不同群体的需要。本节根据上述理论，结合张德禄的多模态话语分析理论和德拉巴斯蒂塔的符号跨码转换类型，提出一个适合宣传片解说词多模态外译的研究模式（图 4-2）。

根据这个模式，在翻译宣传片时，译者应先识别原语篇中的多模态关系，解读制作者塑造的国家形象，分析翻译的难点，并判断多模态逻辑互动关系在译文语篇中的体现，然后依照一定的翻译原则，采用具体的翻译策略构建多模态翻译意义，使译文传递的信息更加具体，更加饱满，达到译文和原文的最佳关联效果，增加受众移情，帮

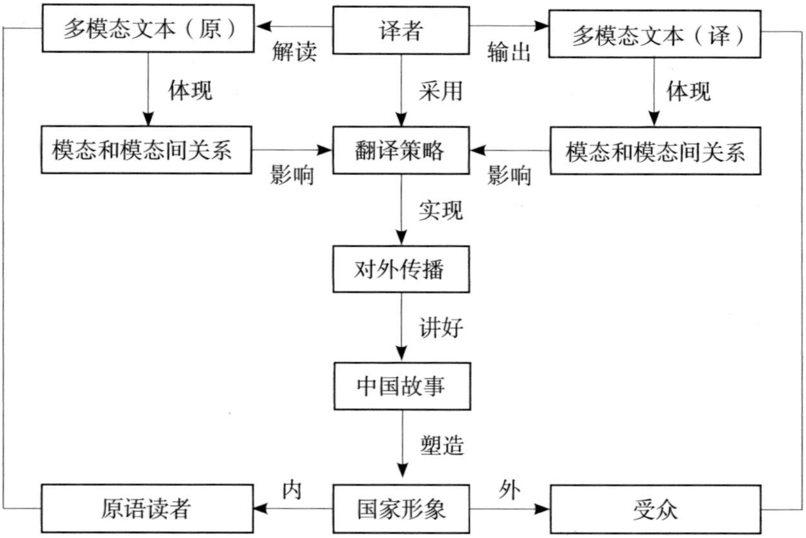

图 4-2　自塑宣传片的中译外多模态翻译分析模式

助塑造一个真实、全面、立体的中国家形象。本节利用该研究模式，从语言、文化和交际三个维度探讨《角度篇》的多模态翻译。

4.5.2　案例分析:《角度篇》解说词的多模态翻译

1.《角度篇》的多模态关系

译者是翻译的主体，在翻译过程中不是消极地接受文本，而是积极地创造文本，因此，译者翻译的不是文本，而是对文本的个人阐释。因此，对原文的正确理解是所有文本翻译的前提和基础，多模态语篇翻译也不例外。多模态语篇涉及多个模态，表意手段更加多元，各个模态之间的互动关系也更加复杂（侯建波，2016）。虽然模态之间的组合没有严格的规则，但隐含着一定的联系，彼此相互作用，共同构建文本的意义。多模态翻译首先要识别模态之间的互动关系及其功能。

《角度篇》主要有三种模态：图像、文字（字幕）和声音（旁白声音、背景音乐、片中人物话语），三者相互补充，共同构建意义。其中，图像和文字是宣传片中最主要的元素和最重要的信息载体，奠定多模态意义和构建国家形象的基础，听觉模态起着重要的辅助作用，帮助受众进一步理解和识别其塑造的国家形象。由于原文与译文语篇的多模态互动关系基本相似，本书就以原语篇为例，详细探讨其图像、声音和文字间的多模态关系。

《角度篇》中的视觉模态和听觉模态缺一不可，他们彼此互动，从中国的政治、经济、文化等多角度、多方位构建一个真实、立体、全面的中国。仔细分析模态间的互动关系，它们相互伴随、互为补充、共同表达一种意义，是互为补充的关系，它们之间的关系也包括强化关系和非强化关系。

（1）强化关系

强化关系是说一种模态是主要的交际形式，而另一种或者多种形式是对它的强化（张德禄，2009：26）。大部分时候，解说词直截了当、准确无误地提供大量的信息，是国家形象的主要塑造元素之一，而字幕作为文字模态的一种，补充、强化旁白信息，因此字幕以简洁，不过多干预画面为主。图像模态直观形象逼真，直接作用于人的感官，易于让不同年龄、性别、教育程度甚至文化背景的受众根据直觉和常识获得相似的感性认识，因而帮助解释文字内容，使内容更加具象。听觉模态（主要是背景音乐）主要配合文字和图像，便于受众准确识别和进一步理解构建的国家形象。此时，解说词是《角度篇》的主要交际形式，字幕、图像、背景音乐是对英文旁白的扩充，它们之间的互补关系属于扩充关系。

例如《角度篇》开篇提道："中国人第一次从外太空亲眼看到

了自己的国家，那数千年的神话畅想，变成了真实的注视。”这是指 2003 年 10 月，我国登天第一人——杨利伟乘坐神舟五号顺利登上太空，这一壮举在国内外引起各方广泛关注。图像使文字内容具体形象，强化了中国航天划时代的创举，帮助受众理解内容。

在“多元而能共荣”这一章节，图像多处展示不同民族代表穿着各式民族服饰或欢聚一堂，载歌载舞，或共同庆祝 60 周年国庆，很好诠释并强化了“55 个少数民族和汉族之间，文化血脉不断地交流和融合，形成了大家庭”。画面中，人民群众真挚的笑脸暗含着不同民族友好相处，团结一致，和谐共存，同发展，共繁荣。

《角度篇》既展示中国所取得的成就，也直面发展带来的问题，客观刻画中国形象。发展带来的环境污染、贫富差距、教育不均等问题通过画面的展示带来更多的视觉冲击，强化中国勇于承认自身的问题，坦诚面对，并积极思考，寻求问题的解决之道。

（2）非强化关系

非强化关系表示两种交际模态缺一不可，互为补充的关系（张德禄，2009：26）。在宣传片中，听觉模态（旁白的声音、文中人物的话语和背景音乐）和视觉模态（图像、字幕）都是必需的，不然其塑造的国家形象受众将难以理解，无法达到拍摄的目的，因此《角度篇》中的听觉模态和视觉模态是非强化协调关系，两者缺一不可。不同的模态共同讲好中国故事，塑造一个和谐快速发展的国家形象和新的民族精神。而同一个模态之间，来自不同媒介产生的模态可以形成联合关系，共同表达意义，这是非强化联合关系。旁白声音和背景音乐这不同媒介产生的听觉模态是非强化联合关系，而图像和字幕这不同媒介所产生的视觉模态也是非强化联合关系。例如，《角度篇》开篇中提出一个疑问：“传统是一种背负，还是一种推动发展的动力？”旁白中夹杂着老人唱京剧，二胡配乐的声音，而图像出现几个老人拉二胡，一个老人唱京剧，旁人静听欣赏的画面。这两种声音联合构建听觉所实现的意义，并和图像协调传达这一意义：中国历史悠久，孕育了光辉灿烂的传统文化，其中国粹京剧是重要的组成部分，在发展过程中，传统文化是阻力还是动力？这两种听觉模态正好提出了受众心中的疑惑。

在“发展而能共享”这一章节中，旁白是：“在中国向世界开放30多年以来，出现在中国街头的外国人中，游客正在被大批真正在中国生活和工作的外籍人士所取代。”背景音乐出现提琴、竖笛、吉他、非洲鼓等不同国家的民族特色乐器，这两种声音联合构建意义。出现在街头上、地铁上、校园中的外国人士与字幕这两种视觉模态联合构建意义。听觉模态和视觉模态处于相互协调模式，构建了以下形象：中国的发展也造福世界人民，能让不同年龄、性别、肤色、国籍的人们在中国幸福生活工作，给他们提供实现梦想的机会和舞台，也折射出多样文化与中国文明的契合和融合。

2.《角度篇》解说词的多模态翻译意义构建

胡庚申（2004：133）认为，翻译是语言的转换，语言是文化的载体，文化又是交际的积淀，语言、文化、交际有着密切的内在关联，这也体现了翻译转换的基本内容。在多模态翻译过程中，译者不仅要考虑两种语言、两种文化对各个模态的影响差异，还要考虑各个模态之间的逻辑互动关系的影响，因为多模态翻译不是各个模态翻译的简单堆积。在这过程中，译者有不同的选择，需要在考虑受众语言习惯、文化风俗的基础上对原语篇各个模态的显性内容和隐性内容进行选择、修改或编译，以弥补文化缺省而造成的信息缺失、不对等或者解读偏误。译者必须做出选择，而这种选择为后面的选择创造了某种语境（谭载喜，1999：246）。因此，翻译就是译者发挥主观能动性，根据影响因素，有所侧重，不断选择的过程。对于宣传片的翻译而言，不仅是语言的转换，文化的传播，更是交际目的的达成，构建积极正面的国家形象，所以，译者主要在语言、文化和交际三个维度发挥主观能动性，采取某些策略重组和构建多模态目标语篇。由于宣传片的对外传播目的，其制作会有拍摄方案和脚本，剪辑好的画面和选好的背景音乐一般不作调整，因此，本书只涉及其解说词的多模态翻译。

（1）语言维度的多模态翻译

翻译首要解决的是语言问题，进行不同语言之间的转换。大多数情况下，宣传片的拍摄是以中文脚本为基础的，制作后期需要把中文的解说词翻译成英语。由于两种语言属于不同的语系，构词方式、表达方式、思维方式等有诸多不同，需要译者采用不同的翻译策略处理译文，帮助受众理解，以达到最大程度传达原文的意思。关于这类型的翻译，已经有非常多的文献，在此不作讨论。除此之外，模态本身和模态之间的逻辑互动作用都会产生意义（G. R. Kress & T. van Leeuwen, 2001: 14）。含有图像和文字的多模态语篇中，理想的译文既反映单个模态的意义，又考虑到模态之间的互动关系。因此，语言维度的多模态翻译不仅要体现不同语言之间的转换，更要考虑语言和图像的逻辑互动关系给翻译带来的影响。

例 1

原文：国家也在各项活动中做出节俭的示范，最近的国庆似乎很盛大，实际费用多项较往年都削减了，上海世博会也提倡用可再生可回收的材质来建设。

译文：When celebrating **China's 60th anniversary**, the government also demonstrated the value of thrifty. The Shanghai Expo is similarly leading the way in recycling.

例 1 引自第八章节的“富裕而能节约”，记录了中国人民富裕起来而不忘勤俭节约的好传统。原文中的“最近的国庆”被翻译成“China’s 60th anniversary”是受到图像模态“中国人民庆祝新中国成立 60 周年的画面”的影响。图像模态使译文更加具体，指向明确，强调中国虽然隆重庆祝这么重要的节日，但是在庆祝过程中同样注重节约，表明厉行节约，反对浪费是中国的永恒追求。

例 2

原文：从 70 年代开始，**代表资格**的认定程序逐渐实现了更公平、更具竞争意味的差额选举。在中国，这就是无人能凌驾其上的**最权威力量**。

译 文：Since the late 1970s, far fair and more transparent margin elections have been used to elect **NPC delegates. Here** the most important decisions in the country are made.

例 2 摘自第六章节“民主而有权威”，讲述了 20 世纪 70 年代以来中国人大代表差额选举的变化。原文中的“代表资格”和“最权威力量”是抽象的，如果直译，无法向受众传达原文的重要信息。鉴于图像上显示的是第十一届全国人民代表大会会场，代表们投票表决的画面，译者把图像模态转变为文字模态，把前者译为“NPC delegates”，使译文更加具体和完整。而前者的译文为后者的译文创造了不同于原文的上下文，并结合图像模态，译为不同于原文的“here”，指代全国人民代表大会。这也呼应了原文中的“代表资格”等同于全国人民代表大会代表，正好使译文和原文在表达方式和结构上的对等。

由于篇幅的关系，本文仅引用两个例子来阐释《角度篇》语言维度的多模态翻译，从中可以窥探出：译者在恰当的时候把图像模态转变为文字模态，使译文更加具体，同时加强了语言和图像之间的强化关系，文字和图像指称一致，有助于受众的理解。

（2）文化维度的多模态翻译

众所周知，语言和文化是密不可分的，既没有独立于文化之外的语言，也没有独立于语言之外的文化，而且文化是语言赖以生存和发展的土壤，翻译时，文化维度的转化也是非常重要的。事实上，很多译者往往只重视语言的意义转换，忽视了文化理解和受众的接受度。但是不同文化之间的差异是巨大的，这种巨大的差异给翻译带来很大的难度和复杂性。同时，宣传片具有较强的对外传播功能，集中体现国家的主流意识形态和文化价值观，带有明显的宣传目的和官方色彩。因此，译者不仅要了解和熟悉中西方文化，更重要的是要有很高的文化敏感性，尤其是政治敏锐性。

图像具有很多优点，它的直观性、形象性、通识性、易解码性和无障碍性比文字更具表意优势，提供更多丰富的信息，能够在一定程度上弥补单纯文字翻译的不足，帮助不同文化背景的受众理解深层语言文字所承载的文化内涵。从这个角度出发，在多模态语篇翻译中，图像的存在既降低了文化维度转化的难度，又帮助提醒译者译文与原文所依附的文化差异，考虑受众的接受度。例如：

例 3
原文：在北京，农民工的孩子现在拥有了**自己的班级，甚至学校**。 译　文：In Beijing, migrant workers’ children have their own **special educational arrangements.**

例 3 选自第三章节“发展而能共享”，简要说明农民工孩子享受到中国的发展成果。原文中提到“拥有了自己的班级，甚至学校”，

图像同步显示了北京石景山农民工子弟学校，一名老师正给孩子们上课的画面。旁白、字幕和图像三者属于强化扩充关系，树立起“中国的发展成果由人民共享”的形象。但是考虑到不同国家之间教育制度和政策的差异，译者没有直译，而是意译为“special educational arrangements”，易于受众的理解。

例 4

原文：今天，中国已经在拥有 9 亿人口的农村地区全面实现了**“村官”选举**。国际社会关注到这是一种“民主培训”的开始，**民主选举**必须从中国社会最广大、最基础的阶层开始尝试。

译　文：Today around 900, 000, 000 people in the Chinese countryside enjoy **village voting rights**. The world applauds such training for democracy. After all, before flourishing nationally, **free elections** must begin at the village level.

例 4 引自第六章“民主而有权威”，简要总结了中国的民主选举。原文中提到“村官选举”和“民主选举”，图像同步显示村民行使投票权进行投票的画面，旁白、字幕和图像三者构建了“中国民主的平等、公平、公正”的形象。考虑到中西方政治选举制度的差异，译文没有直译，否则会影响受众对中国选举制度的理解。鉴于村民行使投票权进行投票的画面，译文译为“village voting rights”，将图像模态转变成文字模态，后者的译文就相应处理为“free elections”。译文直白明了，也更符合西方政治选举制度。

从文化维度进行多模态翻译时，图像可以发挥自身的传播优势，充当语言运用最直接的语境。译者可以利用图像本身包含的信息，将附有文化内涵的文字或隐性信息译为显性内容，或者利用图像带有的丰富视觉信息指引受众理解译文，减少由于文化差异带来的语篇理解的难度和不确定性。

（3）交际维度的多模态翻译

翻译就是交际。英国翻译理论家纽马克提出交际翻译模式，其目的是“努力让目的语读者获得与源语读者一样的效果和感受”（P. Newmark, 2001: 22）。也就是说，交际翻译的重点是根据目的语的语言、文化和语用方式传递信息，而不只是复制原文的文字。

交际对宣传片的翻译来说尤其重要，因为其翻译的目的就是要实现对外宣传，塑造国家形象，帮助国外受众了解真实的中国。受众的接受度是衡量译文是否实现其翻译目的的标准。如果在翻译过程中，译者忽略了交际维度的转换，就不能很好地实现交际的意图。因此，译者在翻译过程中，要时刻牢记翻译的目的和受众的接受度。黄友义（2004：27—28）提出了中国全球传播翻译的三大原则，即贴近中国社会现实、贴近目的语受众的信息需求和贴近目的语受众的思维习惯。由此可知，交际维度的翻译就是面向受众的翻译，这应当成为宣传片翻译传播的首要任务。

宣传片中的语言、图像和背景音乐都具有交际功能。不过，语言表达的意义具有不确定性，表现为词语意义模糊、语句结构歧义和语篇多样化的解读，导致语言的翻译有不确定性。同样，图像符号具有多元性，有多种方式解读，具有多重表意的可能；音乐符号没有视觉性，美感也有差异，使音乐形象和形象的呈现相对不确定。但是，语言、图像和背景音乐三者结合，创造语境，可以帮助消解各自的模糊性、多义性或不确定性，使语篇传达的内容准确、鲜明、生动。为了更好地达到交际目的，提高受众的接受度，宣传片的多模态翻译应考虑不同模态和模态间互动关系的影响。

例 5
原文：中国的富裕阶层其实大多都经历过**两手空空**的困窘时代，**怀里只揣着梦想**的日子，他们并不陌生。 译文：Much Chinese new wealth calls a **rags-to-riches** story. And people remember, not so long ago, they **had only a dream in their pocket.**

例 5 摘自第七章节“贫富而能互尊”，简要介绍中国人民从贫穷到富裕的转变。原文中的“两手空空”和“怀里只揣着梦想”具有很强的中国特色，如果直接翻译，会给目标语受众带来障碍。在语言转换中，如果译者能够在目的语中找到一个较为贴切的“对等词”，可以采用替代法，使译文能够同原语在形式和内容上形成最佳关联。此例中，译者在英语中找到类似的表达“rags-to-riches”和“a dream in their pocket”，加上画面显示众多领域白手起家的杰出代表，生动地向受众展示了中国人财富地位的转变。

例 6
原文：中国人懂得，**明天**的幸福来自**今天**的基础。中国人从来没有比现在更珍视自己的**文化传承**，也从来没有比现在更深地体会到自己文化里那种永恒而特别的韵味。 译文：Chinese people understand **future** happiness must be built on the foundation of the **past**. Chinese people have never cherished their **cultural heritage** more than today, nor felt more its lingering charm which is why after so many generations we are still here.

例 6 选自第八章节“富裕而能节约”，简要介绍中国人对文化的态度。为了体现中国人民对文化遗产的珍惜这个交际目的，原文中的“明天”和“今天”在译文中被译成“future”和“past”，从而实现了中西方时间文化的适当对等。此外，原文中的“文化传承”被译为“cultural heritage”，使非物质的无形之物变成有形的文化遗产。图像显示历史遗产与日常生活和谐并存，年轻人刺绣，学唱京剧的画面，协同悠扬婉转的中国风音乐，很好地体现了解说词与图像的等价性，也传达出中国人珍重历史文化遗产的事实。

例 7

原文：很难说出这是欧洲什么地方吧？这里是上海，在中国向世界开放 30 多年以来，出现在中国街头的外国人中，游客正在被大批真正在中国生活和工作的外籍人士所取代。

译文：A **leading** European city? It's actually Shanghai. In China today, foreign professionals **are vying with** tourists to be the largest overseas group.

例 7 选自第三章节“发展而能共荣”，简要概括发展的中国吸引众多外籍人士。原文中“很难说出这是欧洲什么地方吧？”这一设问被翻译成一般性的问题“A leading European city?”，在译文中代入陈述语气。同时，在译文中增加了“leading”，突出了上海的快速发展和日益国际化。后一句的翻译，译者为了塑造中国日新月异的发展，吸引众多海外人士前来发展的事实，跳出原文的框架，用“be vying with”这一短语巧妙地传达原文的意思。随着非洲鼓伴奏的活泼跳动音乐，画面闪过不同肤色的外国人士出现在上海不同场景，加上磁性男中音的旁白，勾勒出现代中国的发展成果造福世界人民。

在一般的文本翻译过程中，由于选择的翻译方法不同，所采用的翻译策略各异，语言维度和文化维度的转换时常发生矛盾。在这种情况下，交际维度的转换可以解决这一矛盾。但是，在含有图像、语言、声音模态的多模态翻译过程中，图像信息转化为语言信息或者三者模态的表意和模态之间的互动逻辑关系弱化了这一矛盾。其实，语言、文化、交际这三个维度方面的转换是交织在一起的。有时，一个词，一个短语或一句话就会涉及多个维度的转换，转换维度的选择也随语境的变化而变化，但最终都为翻译目的服务。事实上，由于西方仍拥有国际话语的主导权，在宣传片的翻译过程中，译者多数采用贴近目的语受众的表达方式，符合受众的思维习惯，提高受众的接受度，达到传播的交际目的。

第 5 章　中国国家形象宣传片的对外传播

5.1　中国国家形象宣传片的多模态表达

宣传片将纪实画面按照一定的叙事顺序进行剪辑，通过不同镜头语言和音乐、文字的组合，利用多模态转隐喻的表达手法构建“故事”。在对外传播过程中，具有不同文化背景和经验认知的外国人是宣传片的受众。如何让受众理解宣传片构建的国家形象，达到其对外传播的目的，多模态表达是其中关键的一环。多模态表达既指宣传片采用图像、文字、声音等不同模态的组合传达信息，又指宣传片采用不同的多模态修辞（主要是多模态隐转喻），通过多种模态的实践，作用于受众的认知语境，影响他们的认知理解。多模态隐喻和转喻具有文化性。多模态隐喻和转喻的识别与文化密切相关。如果多模态隐转喻具有文化共性，则能被受众轻易理解和接受，如果多模态隐转喻具有某种文化特性，对于来自其他文化背景的受众，要识别理解具有一定的难度。传播者和受众是否处于同一文化环境，是决定受众能否接受文化输出内容的重要因素。2008 年《美丽中国》英文版首次在 BBC 上播放时，就取得了很高的收视率和收视排名（表 5–1）。英国广播受众调查委员会（BARB）的调查表明，《美丽中国》英文版受到了来自不同文化的英国受众的高度关注，这样的收视率创下了 BBC

以中国为题材的电视纪录片的记录。从收视成绩可以看出，英国受众对于这部讲述中国的纪录片的接受度较高，打破了之前国内影视作品和纪录片在国外受欢迎度不高的局面。下面就以中英合拍片《美丽中国》为例，阐释中国宣传片的多模态表达。

表 5–1 《美丽中国》英文版在 BBC 首次播放的收视率和收视排名

	收视周排名	观众人数（单位：百万人）	收视率
《锦绣华南》 *(Heart of the Dragon)*	TOP.4 （2008 年 5 月 11 日）	2.55	11.0%
《云翔天边》 *(Shangri-La)*	TOP.4 （2008 年 5 月 18 日）	2.57	10.6%
《神奇高原》 *(Tibet)*	TOP.4 （2008 年 5 月 25 日）	2.88	12.0%
《风雪塞外》 *(Beyond the Great Wall)*	TOP.6 （2008 年 6 月 1 日）	3.23	13.7%
《沃土中原》 *(Land of the Panda)*	TOP.6 （2008 年 6 月 8 日）	3.19	13.3%
《潮涌海岸》 *(Tides of Change)*	TOP.8 （2008 年 6 月 15 日）	2.52	10.0%

受众对于外来文化的接受度的高低还取决于这两种文化的文化接近性的高低。不同文化之间的文化差异不容忽视，这也是极易形成文化误读和文化干扰的因素。要让国外受众轻松接受中华文化，制作者（传播者）就要在文化输出的过程中，通过各种镜头语言或字幕解说等方式，拉近国外受众与中华文化的距离，使国外受众在观看影片的同时能够找到共鸣和熟悉感。由于文化背景和经验认知的不同，这部中英合拍的纪录片使用了与中国以往不同的拍摄和制作手法。在对中

国民风民俗、动植物习性和地貌景物有详细了解的基础上，纪录片制作者以一个“第三者”的视角进行讲述。为便于国外受众的理解，影片制作者还对一些可能存在文化理解差异的画面在多模态的方向上，用字幕解说，插入影史资料，多使用远景和特写镜头，选择有代表性的地区、人物或动植物作为叙事对象等方式，配合隐喻和转喻的修辞表现手法，对影片画面所呈现的事实进行再加工和呈现。

5.1.1　图像模态

图像模态作为纪录片等影视作品中的主要呈现形式，对于制作者意图和作品内涵的传递起到了关键作用。《美丽中国》中，制作者通过大、中、近、特相结合的镜头语言，拍摄中国各地有代表性的风景地、百姓生活和野生动植物的生存状态，通过多模态隐转喻的手法，将中国的美丽风景和人文风貌展现在受众眼前。片中，多模态隐转喻将图像模态作为重要的表现载体，构建了生动具体的美丽中国形象。例如，《云翔天边》对于横断山脉的讲述中，制作者（传播者）插入了一段“植物猎人”约瑟夫·洛克（Joseph Rock）一行人因西方园艺热潮来到云南这片植物的天堂，将原本只存在于云南的奇花异草带回西方，丰富了西方园艺世界的影像资料，使得纪录片既拉近了与国外受众的距离，激活了国外受众的文化认知，同时也以小见大，从云南这个省份映射出中国具有丰富的植物资源和美丽景观的内涵。

5.1.2　文字模态

文字模态在片中的呈现形式为字幕。除描述纪录片所展现画面的含义以外，字幕同时还承担着为多模态隐转喻的构建提供载体的重要作用。中外合拍的《美丽中国》作为一部有关中国主题的系列人文自然类纪录片，有着中国对外展现中华文化的诉求。为保证传播效果，制作团队（传播者）将《美丽中国》制作为一个母体两个版本的特殊形式，分别供本国和外国受众观看。但对于特定的中国文化，为避免国外受众的误解和不理解，文字模态则起到补充解释的作用。例如：《锦绣华南》对于云南梯田的描述中，将"壮丽的人造景观源于千百年来的生存故事，这是中国漫长农耕文明的记忆标志。"这句描述，在 BBC 版本中转变为："This man-made landscape is one of the most amazing engineering feats of pre-industrial China."这体现了中英两国历史文化背景的不同。中国自古就是一个拥有农耕文化的国家，而农耕文化在英国社会的漫长历史中是没有的，因此，BBC 版本中将其称为"中国在工业化前的一项最令人惊讶的工程"。这样的叙事转化能使海外受众更好地理解中国的农耕文化，使其轻松接受中华文化，同时便于宣传片中多模态隐转喻的表达。

5.1.3 声音模态

声音模态相对于图像和文字模态来说，存在形式不容易被感知，但其在宣传片内涵的刻画和表达以及多模态转隐喻修辞的运用过程中的作用也不容小觑。片中的声音模态主要分为三种，一是旁白声音，二是同期声，三是背景配乐。旁白是解释画面内容、传达信息的主要手段。《美丽中国》的旁白将中国各地不同的景象和文化展现在受众面前，帮助受众更好地理解片中内容，同时能增强宣传片的表现力和影响力。例如《锦绣华南》中在说明苗族人将金腰燕到来时间确定为播种时间的原因时，在图像模态展示苗族人与金腰燕共住一个屋檐下的画面的同时，通过旁白"In China, animals are valued as much for their symbolic meaning as for any good they may do.”向国外受众作进一步补充阐释。宣传片同期声是拍摄对象状态的直接体现，结合图像模态和文字模态的呈现，受众通过聆听和分析这种声音，能够体会到拍摄对象的情感和精神内涵。如宣传片中一家人围坐在一起吃饭时发出的欢笑声，向受众传达了一种家庭美满、生活幸福的内涵；小猴子们在一块打闹发出的叫声体现出此刻它们是安逸的、快乐的。背景配乐主要能够烘托整部纪录片的节奏和气氛。《美丽中国》主题曲“*Wild China Theme*”的演奏乐器包含二胡、古筝、笛子等中国传统乐器，极具中国特色，整曲给人一种沧桑、雄壮、博大、深厚的感觉。受众在音乐的带领下深入宣传片，切身体会独特的美丽中国，了解中国文化。

5.1.4　多模态隐转喻修辞手法的运用

生活在不同文化环境中的受众会被本国媒体所营造的“拟态环境”及其自身的文化环境所影响，对待外部世界的人和事具有不同的思维方式和文化立场，对待不同的文化及其附属品存在文化差异。文化输入和文化输出只有尽可能地减小文化差异，提高受众对外部文化的接受度，才能产生较好的对外传播效果。

纪录片在叙事时往往只能通过具体的事物和对象，经过不同类型的画面构图和镜头语言向受众传达抽象且深刻的内涵。而《美丽中国》作为国家形象大型系列纪录片，除了展现全国各地的典型地貌景观，主要意图为向受众传达当时的中国的美丽生态、大好河山、人文风貌以及大国形象。仅仅通过简单的对实景的拍摄和剪辑难以表达抽象的内涵思想，因此，该片大量使用了多模态隐转喻表现手法，通过构建隐转喻映射，将具体呈现的实物对象映射出其背后的深层次含义，从而构建整部纪录片的主题思想。让受众透过现象看到本质，将简单的事件作为切口，感受中国美景和生态，了解中国文化和民俗，与受众产生文化共鸣，从而实现中华文化对外输出。

5.2 中国国家形象宣传片对外传播效果分析

中国宣传片制作和传播的目的是希望借此向外国受众展现一个真实的中国，改变西方主流媒体所呈现的片面主观且多为负面的中国形象。中国宣传片成为中国旨在改进其外交形象的国际力量，是一个处在大众传播世界中的国家策略。传播宣传片，成为中国在国际舞台发出其声音的一个标志，进而改善中国的形象。王丹娜（2012：147）指出，中国宣传片是塑造和提升中国国家形象的文化外宣手段之一，宣传片的制作是为了使来自不同文化背景的国家和其人民了解中国文化、了解中国故事进而实现国与国之间的相互了解，相互交流，实现跨文化的传播和交际。但是，要达到这个目的，其前提是国外受众要看懂中国宣传片，能够通过宣传片的多种模态互动感受其构建的中国形象。因此，中国宣传片对外传播效果如何，受众的接受度如何非常重要，有待我们进一步探索。笔者认为中国宣传片是否达到其目的，获得了有价值的传播效果，中国的负责任大国形象的构建能否取得成功，评判的标准依据不是自说自话的自我评判机制，而是能否切实获得国际社会的认同。中国宣传片通过“他拍”“合拍”和“自拍”不同方式为海外受众了解与熟悉，但是实际的接受效果却因制作的方式有所不同。任何传播效果的提升，都离不开对受众的准确把握，都需要了解和研究受众，知其所思所想，跨国跨文化的国际传播更是如此。他拍和合拍的中国宣传片因海外的制作方与海外受众属于同个文化，他们了解受众，从相对客观的视角用受众易于接受的叙事方式讲述中国故事，容易被海外受众接受。因此，本书只对自拍的中国宣传片进行对外传播效果分析。

5.2.1　中国国家形象宣传片的对外传播效果

每部中国宣传片的制作，一般由国家提供资金，组建一流创作团队，通过各种先进设备，采用多种视觉表达方法，反映中国当下政治、经济、文化、社会、自然、科技等方面的发展和进步。这是我国国家形象塑造意识的自觉，是勇于和世界沟通的自信心的增强，是积极开放的健康心态的展现。宣传片精良的画面结合宏大的叙事令国内受众得到了愉悦的观看体验，同时产生强烈的民族自豪感，获得极大的内心满足。例如，国内受众观看《人物篇》，可以从文艺、体育、商界、智库、航天等行业数十位杰出华人代表，感受中国人“智慧、美丽、勇敢、财富”的品质，同时品味出中国在这些领域所取得的进步和成就。但是根据《南都周刊》曾做过的一期在华外国人的访谈，他们对此宣传片多有负面评价。英国广播公司全球扫描（BBC-GlobeScan）的调查显示：“《人物篇》播出后，对中国持好感的美国人从 29 上升至 36，上升了 7 个百分点；而对中国持负面看法者，则上升了 10 个百分点，达到 51。”[1] 有的外国人看完之后感觉“中国宣传片有点模糊，它可能告诉你什么是中国人，但并没有说中国人又有什么特别的。”[2] 不过，根据吴国华、林升栋、徐蕾（2013：57）对 421 名美国大学生的调查表明，他们对该片的主观印象中，72% 正面，11% 中

1　http://news.ifeng.com/gundong/detail_2011_11/17/10717461_0.shtml

2　http://www.urniwi.com/2011/0311/4349.shtml

性，8% 负面及 9% 正负兼有，他们当中 31% 的态度发生了积极变化，50% 没有改变，仅有 0.5% 发生了消极变化，16% 不置可否。这可能跟年龄有关，当个体尚未形成鲜明的态度时，说服易导致态度改变，一旦个体对某种事物已经形成稳定的态度，相反方向的说服就容易遭到抵制。根据曹永荣等（2017：221）在 Amazon 网络平台开展的网络调查显示：观看《人物篇》视频后，美国民众对中国的“情感温度”明显提升，也就意味着，《人物篇》能够帮助中国的“国家形象”向一个有利的方向转移。《人物篇》的姊妹篇——《角度篇》以普通公众为主体，较多采用感性叙事的方法，多角度、全景式地展现了当代中国的建设成就、开放成就以及价值观、道德观和发展观。相对而言，国内外受众对《角度篇》的评价明显要高于《人物篇》。究其原因，很可能是《角度篇》的主创团队委托德国专业的调查机构对德、美、英、法等十余个国家的各个阶层的受众进行了大量的调查（葛明驷、何志武，2015：194）。该片自播放以来受到海内外人士的普遍好评，认为它对促进西方民众了解中国起到了非常积极的作用。德国波恩大学全球研究中心主任辜学武认为，《角度篇》“总的感觉非常好，中国故事讲得很地道，也很中肯。西方所关心和担忧的一些问题，片子基本都直接或间接地给出了人性化很强的答案。”[1]《中国进入新时代》围绕中国梦展开，令人耳目一新。吴国华等（2018：63）运用定量与定性方法分析了美国大学生观看《中国进入新时代》后的反应，表明：70% 的受访者持正面态度，对外传播效果良好。他们认为，原因有三：一是中国梦和美国梦的共同点成了扣动美国大学生心弦的支点，二是普通民众为国家形象代言人成为一座支撑起沟通传播者与受众之间感情的桥梁，三是令人身临其境的故事诉说营造了充满情感的

1 http://www.tianjinwe.com/rollnews/kj/201102/t20110210_3381864.html

氛围，让受众从心里认同中国梦是真实的。中国宣传片是国家政治形象的符号系统，承担了我国对外政治文化交流、价值理念输出、获得国际认同的重任，因此，海外受众会结合国际形势解读宣传片，延伸其内涵。法国前总理让-皮埃尔·拉法兰（Jean-Pierre Raffarin）将“中国梦”比喻为和谐之梦、和平之梦、发展之梦[1]。美国学者帕特里克·门蒂斯（Patrick Mendis, 2014: xv）指出：中国梦有助于中美两国更好地了解对方，借鉴对方之梦，从而最终带来“新的太平洋世界秩序”，在此新秩序里，“两国为了贸易、经济增长和地区稳定而合作”。但是，也有不少负面评价。美国《新闻周刊》（*Newsweek*）曾发表题为“China’s Great Dream”的网络评论文章，指出中国梦对于周边国家是一场噩梦，实现中国梦使得周边及国际紧张局势进一步升级。美国《侨报》2013 年 3 月 18 日刊文指出：“中国梦的实现必然导致美国衰落。”胡开宝，张晨夏（2021：102）利用语料库方法研究，其结果表明：“中国梦”得到了英、美、印等国主流媒体不同程度的关注，三国对此核心概念持趋向中立态度，但英美两国的积极态度的索引行是消极态度索引行的 1.5 倍，而印度的积极态度报道与消极态度报道比重接近。

国家形象的范围是宽泛的，除了宏观方面给受众的主观印象之外，微观方面如政治、经济、文化、体育、生态等形象的塑造与传播也会影响受众对一国形象的认知。《舌尖上的中国》通过介绍中国的饮食文化，推广了中国传统文化，呈现出一种多元而精彩的中国形象，受到国外受众的好评。其第 1 季已被译成 6 种语言文字，销售到 75 个国家和地区，其中包括美国和欧洲一些主要国家[2]。海外片商

1　https://world.people.com.cn/n/2013/0324/c1002-20893223.html#

2　https://www.sohu.com/a/552708084_162522

对《舌尖上的中国 2》反响强烈，部分国家和地区甚至发生了争抢该片的现象，实现了我国纪录片海外销售市场的历史性突破[1]。2022 年，在一份涵盖日本、韩国、泰国、印度、新加坡、美国、西班牙、意大利等 8 国受访者的《全球美食影响力报告》中，87.8% 的受访者表示近期外出就餐会选择品尝中餐。中国美食正是海外民众最喜欢的中国元素、最感兴趣的中国名片[1]。《中国一分钟》讲述中国改革开放四十年发生的巨大变化和取得的成就。魏天瑶（2020：68）以《中国一分钟》系列短片为案例，调研在非洲留学生群体中宣传片的跨文化传播。研究发现，非洲留学生对于中国宣传片中所体现的政治方面以主导式解读（认同）为主、经济方面则表现出了明显的矛盾解读（主导式解读和对抗式解读各占 42% 和 40%）、军事方面以批评式解读（存疑）为主、文化方面呈现出参照式解读（中立）的特点、对于中国人民则主要是对抗式解读（不认同）。《文化中国》采用实景拍摄与动画相结合的方式，运用中国丰富的民间视觉元素，重现历久而弥新的华夏文明。该片通过美国纽约时代广场的“美国之鹰”广告大屏幕，美国 ICN 电视联播网，欧洲各国电视台等进行海外传播，但是传播效果并不如人意。笔者曾跟本校的一名英国外教讨论过该片。他坦言，该片采用水墨动画方式呈现，虽然形式新颖，但是节奏比较缓慢，难以激起受众的观看兴趣，有些内容没有考虑受众的背景知识，受众无法了解其要表达的信息，更不要说理解其内涵。因此，宣传片作为一个文化产品，其传播效果不仅取决于文本本身的结构和内容，而且在跨文化传播过程中也会受到制作者和受众之间视角、意识形态以及文化背景差别等多重外部因素的影响。

根据传播效果的理论概念，“是指带有说服动机的传播行为在受

1 media. people. com. cn/n/2014/1205/c391183-26155646. html

传者身上引起的心理态度和行为的变化”（郭庆光，2009：188）。在这个概念中，“说服”二字最为重要，是用充分的理由让对方接受自己的观点和态度。通过上文列举的这些宣传片的国际传播结果，我们可以看出其传播效果不尽如人意。根据传播效果的三个层面，即认知层面、心理态度层面和行动层面进行微观分析可知：受众对于传播的信息不熟悉，不了解，或者存有疑虑，持批评态度，造成了他们没有或者很少从中获取中国形象的信息，造成了宣传片没有在认知层面上达到传播效果；受众对于传播的信息认同或者不认同，造成他们对中国形象产生正面或者负面的看法，但持负面看法的人比持正面看法的人多，造成了宣传片没有在心理态度层面上达到传播效果；前两个层面没有取得相应的传播效果，就无法在行动层面达到传播效果。宣传片传播效果不佳，希望借此让受众建立一个积极正面的中国形象无疑是困难的。

5.2.2　中国国家形象宣传片对外传播的不足

近年来，我国自拍的宣传片的国际传播效果没有达到预期目标。针对这一现象，本文结合上文提及的《人物篇》《中国进入新时代》《中国一分钟》《文化中国》等宣传片，进行文本分析、归纳演绎，并借鉴其他国家宣传片的成功之处，总结我国宣传片对外传播方面的不足之处。

1. 传播主体方面：国家政府主导，社会各方参与不够

我国宣传片由国家政府负责统筹拍摄，是国家公关的一种手段，也是国家形象的政治性宣传。在我国目前已有的宣传片制作中，基本上是由国家政府主导，社会各方的参与不够。某种程度而言，政府有计划、有组织的官方外宣一般带有强烈的政治色彩，宣传意图刻意明显，从而削弱了传播效果。在西方语境中，宣传与传播的概念有很大区别，宣传是通过操纵表述以期影响人类行为的技巧，而传播则是指传播者与受众对信息的共享行为。在信息传递过程中，传播蕴含了受众和传播者之间可能存在的反馈、互动关系，包括信息的单向和双向流通，它更强调双向的互动性。宣传则暗示了一组有目的讯息的存在，传播过程是直线的单向传递，政治宣传的目的性和针对性非常明显。我国的首部宣传片《中国制造，世界合作》曾因政治色彩的过度渲染，宣传意图的刻意明显，被西方受众看做是一种“入侵”广告，认为“中国制造”对其市场进行了强行占领，因此，强烈的抵制情绪由此产生。吴国华等（2018：63）的研究表明：部分受众觉得宣传片“宣传”色彩浓厚，可能产生消极联想，从而降低宣传片的传播效果。根据曹永荣等（2017：221）的研究，弱化“中国政府”作为《人物篇》制作者的角色定位，会极大提升其宣传效果。

毋庸讳言，宣传片的传播具有显著的政治性，然而，宣传片传播的目的是否就是对外输出己方的政治话语并寻求认同这么简单呢？事实上并非如此。宣传片传播的内容应该是极其丰富的，不应该局限于传播政治性内容。近年来，中国拍摄了各类宣传片，通过新华社、中国国际电视台、中国国际广播电台等对外传播机构，同时积极融合新媒体平台，在油管（YouTube）、推特（Twitter）、脸书（Facebook）等国际主流社交平台对外传播，其覆盖量、投放量、落地数量呈明显上升趋势。应该说，在这样的不懈努力下，国际社会对中国的负面认知是有所扭转的，但是这种改善与中国的国际地位相比以及中国作为应当享有的国际声誉相比还远远不够。中国宣传片的话语表达力、传播力、影响力远未达到理想状态。

要进一步提升中国宣传片的话语表达力、传播力、影响力，就要积极引导社会各方的参与，成为官方外宣的有益补充。随着中国日益融入国际社会，中国要塑造良好的国家形象，充分利用民间、社会团体和人民群众等各界力量，甚至是海外侨胞及海外人士的力量传播资源就成了一种逻辑的必然。民间外宣是相对于政府有计划、有组织的官方外宣而言的，主体为民间机构、组织或个人，在日常工作生活、交往中自觉或不自觉地进行交流、产生影响，客观上发挥着某种程度对外宣传作用的行为（符绍强、黄爱武，2023：41）。中国宣传片可以借助民间外宣构建全方位、立体化的传播途径，力求通过多方发声，真实、客观、全面地展示具有公信力和信任度的中国。同时，民间外宣以其创造活力，多元渠道，精准传播等优势，在中华优秀文化的传播，良好国际形象的塑造方面具有积极作用，将助力中国宣传片更灵活有效地进入国际传播领域。

2. 接受者层面：对受众缺乏了解，定位宽泛

“知己知彼，百战不贻”，这句话适用于生活中的每一个领域，大至文化传播，小到人际交往，无一例外。在对外传播过程中，“知己”就是要了解我国的文化，当今社会的问题和现状等，而“知彼”就是要了解受众的心理需求、立场态度、所在地的风俗文化等。中国宣传片必须要在一些方面符合国际受众的要求，做到“知彼”，这是成功的跨文化交往与传播必不可少的前提。中国对外传播所具有的浓厚宣传色彩使得宣传片传播者习惯了“以我为主”的传播思维，忽略了受众的真实需求，从而形成中方自说自话的局面。这样就导致在国际舆论场上，经常是中方一厢情愿地讲“中国故事”，但是国际受众不买账的情形。同时，我们要正视传播话语权格局“西强东弱”的事实，不能一味把对外传播当成斗争的政治工具，当成是一种“喊话”，从而无视传播学的客观规律，忽视受众的接受可能性。在宣传片的制作过程中，既缺乏对受众的了解，又没有把受众的需求纳入考量，这样制作的宣传片既无法获得受众肯定，也难改变其对中国的固有成见。

根据布雷德拉（Bredella, 2007: 11—30）的内外视角理论，理解陌生文化是一种视角的拓展。在这个视角拓展的过程中，我们首先要从内视角出发认识自己和陌生文化，然后要将自己置于陌生文化当中以达到理解和被理解的目的，但是这并不意味着要否定和忽略自己，而是自己与陌生文化的共存，并且带着自己所拥有的文化进入陌生文化，以真正认识和了解陌生文化，以及两个文化间的区别和关联，最后获得一个覆盖自己与陌生文化之上的更高层次的外视角——即视角拓展。在中国宣传片国际传播过程中，国际受众把中国当做陌生文化来理解的时候，很容易受到刻板印象与偏见的影响，而不能真正地认识中国。了解受众的文化背景，做好向外传播，要求我们站在国际舞台上了解其他文化的同时，也要首先对自己有清楚的认识，才能更好地为了解陌生文化打下基础，做到“知己知彼”，拓展视角，超越文化差异，提升宣传片的受众接受度。

中国宣传片对外传播的目的是让世界了解中国，树立良好的国际形象，其受众定位是除中国以外的其他国家和地区的民众，并不针对某个特定族群。这样的受众定位太过于宽泛，不能有的放矢，更不能有针对性地进行传播。受众是一个变化着的主体。不同的受众群体由于不用的文化背景，知识体系等对于相同内容有不一样的解读和理解。根据美国传播学家约翰·费斯克（2001：204）的理解，受众的生产性特征促使受众按自身已有的社会经验重新解读文本生产出自己的文化，并通过自身已有的文化知识与文本形成联系。这说明受众在解读中国宣传片时，有其主动性和能动性，传播者难以使其发生改变。受众接受不同的文化熏陶，有着不同的成长背景，产生差异是不可避免的。面对差异，我们需要正确地认识并加以重视。中国宣传片与其花费大量的人力物力在内容的构思和意图的展现上，依靠猜想等方式解决受众需求，造成“一概而论”的错误表达，不如重视受众的差异，细分受众人群，深入了解受众特性，再进行投其所好的文本创作，进行精准传播。中国外文局对外传播中心发布的《中国国家形象全球调查报告 2021》显示：18—35 岁的海外年轻群体对中国持有更好的印象，有访华经历者对中国态度更积极。吴国华等（2018）认为，美国年轻人是美国的未来，他们成长于中国改革开放时期，从媒体中获得的正面信息相对较多，对中国尚未形成固有的刻板印象，因此应花大力气去改变他们对中国的态度。

3. 信息编码层面：内容都是正面，缺乏可信度

根据一些学者做的受众调查表明，中国宣传片“事物太完美”，“缺乏批评性”，“能不能在电影中多一些自我批评的东西”（陈正，徐爱真，2012：311），导致受众认为，“该宣传片制作质量极好，但我不相信它准确地描写了中国”（吴国华、徐蕾、孙涛等，2018：62）。从某种程度而言，宣传片效果不尽如人意的原因主要在于我们只说好的，或者总是多说好的，而不说或少说不好的宣传模式。其实，要想中国宣传片影响受众，在国际上塑造正面积极的中国形象，就要摒弃“宣传腔”，实事求是地告诉世界一个真实的中国。只有当我们把真实呈现给世界，如中国不是只有经济发达的城市，还有偏僻落后的山村；不是只有意气风发的精英人群，还有籍籍无名的芸芸众生、认真生活的普通百姓……，中国才能获得国际社会给予的公正评价，减少像“中国威胁论”“中国崩溃论”之类的言论。现实中，如果宣传片全是正面信息，其可信度在国际上就会降低，其他国家的民众更愿意相信西方媒体对中国负面信息的报道。因为西方社会对信息传播强调客观和公正，强调传播信息尽可能地没有损耗，任何歪曲事实或者省略主要事实的信息传播都会击溃人们对传播者的信心，并加深受众对国家传播的不信任程度。所以，保持国际传播的话语权和传播过程的有效性，就要让客观事实尽可能地展现在国际社会面前。一个自信的国家，就像一个自信的人，不惧于向别人展示自己的短处，同时让别人看到其努力的程度。将真实的中国展现给世界，不意味着没有中国立场，相反，必须明确地将中国在某些问题上的底线展现给世界，让其他国家的受众了解中国人生活与生存的状态，了解中国生存与发展的状态，也让其了解中国政府所关切的，普通中国民众所关心的，中国政府与民众所不能放弃的（任孟山，2015：21）。没有立场的人不会得到其他人的尊重，没有立场的国家同样不会得到其他国家的尊重。

中国宣传片可以采用说服的原理，即正反两面论据以增强可信度，提高传播效果。通过正反两面论据，宣传片可以提供全面客观的信息给受众，展示中国形象的多面性和复杂性，从而增加该片的可信度。“广告主通过表示自己无所隐瞒来增加可信度。”（斯科特·阿姆斯特朗，2016：155）正反论据说服在受众原先就持怀疑态度的情况下很有用。中国宣传片使用正反两面论据，能够更好地传递信息和观点，引起受众的共鸣和思考，并对反面论据给予反驳，以达到晓之于理，增加宣传片的说服力和可信度。

向世界展示真实、立体、全面的中国，其内涵就是真实的中国是一个多元化的国家形象。中国历史悠久，幅员辽阔，发展迅速，其真实的国家形象一定有正面的国家形象，但同时也会有负面的国家形象。由于塑造一个真实的国家形象是一个长期的过程，因此我们要增强对国际上多元化中国国家形象（尤其是负面的国家形象）的容忍能力。当别人批评我们“不好”的时候，我们要学会“换位思考”，了解清楚事情的原因和背景，做到知已知彼。“媒介对受众的影响不是短期的，而是一个长期的、潜移默化的，逐渐培养的过程，它在不知不觉中制约着人们的现实观。”（邵培仁、潘祥辉，2006：70）考虑到其长久性，我们要做好中国宣传片跨文化传播工作的长期规划。只有通过不断的交流、沟通，了解并考虑到受众需求，以“他者”的方式进行交流，才能更好地达到“自我”传播的目的。

5.3　中国国家形象宣传片对外传播面临的挑战

虽然中国宣传片在过去 10 年间对于传播中国文化，提升中国的国际形象起着重要作用，但是由于社会制度、文化、价值观念等诸多因素的差异，中国与世界其他国家之间的交流还存在着隔阂和误解。根据《中国国家形象全球调查报告 2019》，海外受访民众对中国的整体印象是 6.3 分，其中发达国家对中国的整体印象为 5.3 分，发展中国家对中国的整体印象为 7.2 分（当代中国与世界研究院，2020）。新冠疫情暴发后，西方国家对中国的打压态势，西方媒体对中国抗疫的歪曲报道，西方民众对中国封城隔离措施的恶意解读，凸显和放大了这种隔阂和误解。目前我国宣传片主要投放在西方发达国家，要突破中国和世界之间的这堵墙，就意味着我们要重视西方受众的社会文化，研究他们的接受习惯和传播规律。

5.3.1　文化差异

美国学者爱德华 · T. 霍尔（Edward T. Hall）依据环境在信息传播中所起的不同作用，把多样性的文化划分为两类：高语境文化和低语境文化。在高语境文化中，交际信息的创造主要依靠语言交流的场合、交际语境和参与者之间的关系，而不是依赖交际语言本身；而在低语境文化中，交际信息的创造主要依靠交际语言本身，不需要再依赖环境去揣摩推测。按照霍尔的分类，中国语言表达委婉含蓄，同一句话在不同的语境表达不同的意思，因此中国文化属于高语境文化；而西方人简单直率，喜欢直截了当表达自己的观点，其文化多属于低语境文化。史蒂夫·莫滕森（1993：320）认为，在信息传播过程中高语境文化的主要信息都暗含在语境或内化于个人之中，而低语境文化的主要信息则清晰地表现为文本信息本身。中国宣传片的制作目的是让具有不同社会制度、文化背景和价值观念的其他国家民众了解中国，提升中国的国际影响力，其传播属于跨文化传播。邱凌（2011：35）意识到在跨文化传播过程中，传播者用自己文化的码本编码，而受众也是根据自己的文化码本进行解码。中国文化和西方文化的码本不一样，这会对中国宣传片的制作和西方民众的解码产生影响。宣传片《人物篇》通过一组组的各行业精英代表，借此传达出我国各行业取得的进步，却被西方解读为“威胁，令人感到恐惧，而不是友谊”（刘娟、贺建平，2013：58）；一组航天员的照片，借此展示勇敢，却被解码为“军事实力”（刘娟、贺建平，2013：59），与主题友谊大不同。因此，高低语境文化会对受众的理解力产生影响，进而影响传播效果。如果中国宣传片的制作者参照自己的文化码本去推测西方受众的文化心理及接受习惯，即采用“自我参照准则”，那么他们不可避免地会误读只可“意会”不可“言传”的内容。

另外，作为文化产品之一，中国宣传片在对外传播过程会遭遇“文化折扣”。美国学者考林·霍斯金斯（2004：45）等认为：“扎根于一种文化的特定的电视节目、电影或录像，在国内市场很具有吸引力，因为国内市场的观众拥有相同的常识和生活方式；但在其他地方吸引力就会减退，因为那儿的观众很难认同这种风格、价值观、信仰、历史、神话、社会制度、自然环境和行为模式。”这就是文化折扣，换言之，就是文化产品因不被异地受众接受而产生的产品价值贬值。差异越大，价值损失越大。中西文化和社会制度的差异，在应对治理新冠疫情的过程中表现得异常突出。在西方，个人主义价值观占据主导地位，西方民众追求人的自由、平等和权力，西方政府信奉“独善自身”。因此，新冠疫情在西方国家大范围暴发后，很多民众仍然不顾政府的禁足令，外出聚会游玩，更无法自觉做到居家隔离；而政府的消极不作为，极大削弱其权能。中国传统文化的集体主义思想提倡人在集体中具有相应的权利和义务，强调家庭责任感，重视集体利益，强调人的道德超越。在疫情面前，大多数中国人能自觉居家隔离，外出佩戴口罩；面对灾难，中国人总能迸发出“天下兴亡匹夫有责”的责任意识与“不避义死”的无私奉献精神，社会各界人士用各种方式支持或参与抗疫活动。中国政府充分发挥社会主义制度的优势，把人民的生命安全和身体健康放在首位，通过集中人力、财力、物力，高水平、高效能地领导大家抗疫。因此，中西文化和社会制度的巨大差异，导致受到中国民众热捧的宣传片在西方遇冷是很正常的。在宣传片制作者所传递的信息和塑造的形象在西方受众解码过程中，未能达到制作者的主观预期，对意义的理解未能达到其意图，那宣传片的文化价值就贬值了。

5.3.2　刻板印象

刻板印象是指一个群体成员对另一群体成员的概括固定的看法，而忽略个体差异。考林・霍斯金斯等（2004：46）认为，刻板印象中既有部分符合事实，也有部分不符合事实，而与事实部分有偏差的定型观念就是偏见。这种极具感染力的固定印象，一旦形成就根深蒂固，很难改变，会在很长的一段时间内被强加给个人或者群体。长期以来，西方主流媒体的涉华报道以轻视和俯视作为基本视角，负面报道占有比较大的比重，让西方民众对中国有很大的偏见。在宣传片的传播过程中，西方民众对中国所持有的刻板印象，使得他们在接触来自中国事物时，下意识地排斥，而不是花时间去了解事实，甚至使他们接收的文本信息与宣传片所要传达的本意截然相反。例如，由于过去版权意识不强，山寨产品横行的现实和食品安全问题，使西方受众具有“中国产品质量差”的刻板意识，甚至对中国制造产生偏见。所以当他们看到宣传片《中国制造，世界合作》时，会产生排斥心理，联系到质量不好的中国制造，而不是求证宣传片中的信息是否真实，这大大影响了传播效果。2020 年年初，新冠疫情暴发后，中国政府为了民众的生命安全和身体健康，迅速果断封城，而西方人士的“中国不尊重人权”的刻板印象立马把这正确措施解读为“侵犯人权”。关世杰（1995：181）把刻板印象比作我们印象中的画面，代表的是一种不加区分、过分简化的观点，具有影响力的态度和不加鉴别的判断。由于刻板印象，造成先入为主，妨碍西方受众对中国宣传片中的信息做出正确的评价。

与此同时，因为中国和西方国家的社会制度完全不同，西方媒体近几年宣扬“中国崛起”“中国威胁论”的观点和报道，使西方民众对中国宣传片产生敌意媒体效应。敌意媒体效应阐释了观点不同的双方对均衡的媒体报道由于个人感知的“偏见”而产生的敌意，双方均主观地认为媒体对己方不利（刘娟、贺建平，2013：60）。这种敌意媒体效应带来的偏见实质来自受众主观上感知的媒体观点与己方观点的偏差度，而不是来自媒体内容在客观上的偏见程度。疫情暴发后，西方媒体刻意抹黑中国的抗疫情况，诋毁中国的抗疫努力，并把全球疫情暴发的责任推卸给中国，产生企图“甩锅”中国的“中国隐瞒论”“索赔中国论”等论调，让西方受众对与中国关联的事物产生敌意媒体效应。在后疫情时代，西方民众接触到中国宣传片时，他们的刻板印象——中国媒体是宣传者便会影响其感知和认知能力，遭遇到他们本能的“防卫”，即通过反击已察觉的威胁来保护自己的核心价值观（拉里·A. 萨默瓦、理查德 E·波特，2002：451）。

5.3.3　叙事方式

作为一种跨文化传播实践，宣传片本质上就是叙事，在有限的时间内容纳丰富的内容，向世界传达具有本国特色的事物。作为社会主义国家，中国制作宣传片必须遵循正确的意识形态和选择积极的叙事内容，因此形成宏大的成就叙事框架：力图全方位展现改革开放后中国经济、科技等方面所取得的物质文明和文化、民主等方面所取得的精神文明建设成就（葛明驷、何志武，2014：9）。这与西方的细节着眼叙事风格很不同，难以让西方受众产生情感共鸣。宏大叙事风格有其历史渊源，与中华民族近代受尽欺凌的耻辱历史直接相关，导致民族复兴、富民强国的宏大主题成为创作主流。宣传片《角度篇》全景式展现古老而又现代的中国国家形象，全方位、多角度地展示中国政治、经济、文化、教育等所取得的成就。在这种框架下，叙事风格倾向宏大，叙事方法意识形态化，影响叙事立场的客观性。新闻客观性包含新闻生产的规范性、准确性和中立性，是西方传媒体制和政治经济环境中的一种知识生产的话语体制。中国宣传片采用宏大叙事，使内容打上明显的意识形态烙印，叙事话语呈现主观姿态，消解传播主体和客体的平等性，无法拉近与受众的距离，反而让受众内心抗拒，无法接纳。宣传片《人物篇》没有考虑传播语境，以密集的人物铺陈、从 Chinese—Chinese friendship—China 排比式的叙事法，意图用宏大叙事和民族元素产生诗意般效果，但是只感动了传播主体，而让受众难以理解而误读。

此外，我国宣传片的宣教痕迹明显，它宣扬国家利益和民族利益至上的精神，推行主流价值观念和国家认同，话语传播内容泛政治化。这源自我们国家各级各类领导讲话、文件习惯用一种理论思维方式来统一党员干部思想、教育普通群众，话语概念化，理论而又抽象，以此达到统一思想、凝聚共识的效果。用此种宣教思维来指导宣传片的拍摄，容易形成用镜头图解概念的套路，发展出“解释式”思维逻辑，“应答式”传播，无法达到预期的解释沟通，反被西方受众认为是辩解，无法认同。宣传片《中国制造，世界合作》反复强调在全球化浪潮中，是中国与世界各国合作的产品，而不是中国单独制造，带有很强的自卫性，而宣传片《角度篇》以宣示性的画外解说，从八个方面回应西方受众关注的政治、经济、文化、宗教等领域的问题。西方受众会排斥说服意愿强烈的广告，也会防范裹挟着意识形态传播，表达国家意志的宣传片。解释性应答式传播无法达到预期效果，也侧面反映西方国家牢牢占据国际传播话语权这一事实。

5.4 中国国家形象宣传片对外话语权提升路径探析

在西方国家占据国际话语权主导地位的背景下，时常发生中国被西方误读，甚至被妖魔化的情况。特别是 2020 年年初的新冠疫情，一些西方国家和媒体借此抹黑、攻击、打压中国，肆意破坏丑化中国的国际形象。我们必须清醒地意识到疫情将对世界秩序带来很大的冲击和改变。我们将面临更加复杂的国际环境，不确定的全球危机和全新的挑战。要突破这一困境，唯有努力提高自身的国际话语权，正如习近平总书记在中共中央政治局第三十次集体学习时强调：“要加强国际传播的理论研究，掌握国际传播的规律，构建对外话语权，提高传播艺术。”国际话语权作为一种力量，其表达的内容和方式与国际社会的契合度越高，话语权越大。宣传片是塑造我们国际形象并增强国际话语权的有效方式之一，未来应因势而变，采用可行的路径来提升中国宣传片的国际话语权。

5.4.1　话语内容的提升：文化超越

宣传片对外话语面临的挑战是在全球传播环境下树立本国的国家形象。这实际是一个国家软实力建设的问题。软实力包括一个国家的文化的吸引力和感染力、意识形态和政治价值观的吸引力、外交政策的道义和正当性。显而易见，文化是软实力的第一资源基础。但是，无论过去还是现在，我们谁也无法验证自己的文化在各方面完胜其他文化，是人类完善世界的唯一真理。那么在国际社会提升自己的软实力时，只能从彼此文化的交集点——人类文化共性的主题着手。在宣传片的制作和传播中，我们要基于人类的永恒价值观，遵循用符号构建超越任何民族、国家、体制、党派界限的普适性原则，坚持求同存异的双向沟通心态，以产生共情为出发点，找到向世界传达的正确方式。为适应跨文化传播沟通，宣传片的价值传达应有一定的顺序和层次：全人类共同价值优先于政治价值，审美价值优先于民族与宗教的追求。追求真善美是人类世界的核心价值，人的本性就是向往和平自由平等，追求和谐快乐的幸福生活。展翅高飞的白鸽、大自然的秀丽风光、男女老少的真诚笑脸这类代表性符号出现在宣传片中，诠释和平、美好、快乐和友善。同时，新冠疫情暴发引发的世界危机，会改变人们对于民主、自由、人权和平等的看法，保护身体健康和生命安全将深刻影响未来的价值取向。

按照霍尔的媒介受众观，受众有三种方式解读信息：一是以霸权为主导的解码方式，解码者得到的意义与编码者的意图一致；二是协商式解码方式，解码者与占主导地位的意识形态协商，得到的意义与编码者的意图部分一致；三是对抗式解码方式，解码者得出不同于编码者愿望的意义（杨击，2006：58）。宣传片的创作主体和传播主体要研究目标受众的解读立场和背景，使其传播的话语按照他们的方式解码。有效途径之一是淡化宣传片的宣教说服意图和意识形态传播，采用愉快生动的视听符号塑造亲切良好的形象，激发受众的愉悦情绪。宣传片可用典型的西方符号，如高楼大厦、国际品牌广告等体现繁华大都市的标志符号，或者外国人在中国的工作生活场景，或是音乐会之类的西方艺术符号的展示，用西方受众所熟悉的形象有效引导出其所指的概念。宣传片采用西方受众常见的符号可以改变他们对中国贫穷落后的刻板印象，释放出中国经济发展迅速，人民生活不断改善的信息。宣传片也可采用东西方文化符号并行，如星巴克店前京剧花脸表演，偏远地区少数民族用电脑上网等对比呈现中国融入世界，紧跟时代步伐，接纳多元文化的象征意义，或者外国人学习使用中国符号，如外国人学中国文化，用筷子吃中餐，对比表明外国人接纳认同中华文化的视角。宣传片也可采用体现鲜明的中国特色，展示中国个性特征，同时在西方世界知名度较高的中国符号，如长城、故宫、京剧、太极等，满足国外受众的好奇心，加深他们心目中的中国特色文化。值得注意的是，切记不要堆砌过多的中国符号，令受众感到陌生，进而影响他们的认知和理解，而要契合他们认知心理的考量，画面具有连续性和情节性，降低他们的理解难度。

过去十多年的实践证明，像《人物篇》《角度篇》之类的硬广告形式塑造国家形象，效果一般，并非最佳选择。相对而言，文化、旅游、自然、艺术、美食等专题片形式更容易让外国受众接受，通过“润物细无声”的方式提升他们对中国形象的好感度。纪录片《舌尖上的中国》英文版通过美食向西方受众讲述中国的饮食文化、风土人情，满足他们的审美要求，符合他们的文化观念和情趣追求，大受海外市场的欢迎，对国家形象的柔性塑造起着良好的作用。

5.4.2　话语方式的提升：小叙事

宣传片中最重要的是叙述文体，即通过哪种语言和方式把故事讲述出来。对此，原国务院新闻办公室主任赵启正提出的“中国故事，国际表达”对此作了很好的诠释。人类是天性热爱故事的生物，喜爱听故事是人类的共性，因此可采用讲故事的叙述方式来传递国家形象。宣传片制作和传播的目的是向世界展现本国的文化和热情友善的人民，树立正面积极的形象，这正是小叙事最擅长的表达。小叙事让宣传片人物在情节和故事中鲜活起来，使受众对这些人物有认知和感受。小叙事让影像叙事从诉诸理性转变为诉诸感性。广告大师托尼·施瓦茨（Tony Schwartz）认为政治广告的最高境界就是拨动受众的心弦，为他们的情感宣泄提供情境（布赖恩·麦克奈尔，2005：102）。同时，互联网的存在使世界变得多元化和多极化。在互联网时代，普通人的小故事比宏大的说教式宣传更能吸引人，打动人。宣传片的叙事方式也要顺应这个传播趋势，通过小叙事消解大文化，讲述让受众可感可信的故事。

同其他艺术叙事方式的发展轨迹相似，宣传片的叙事方式先采取完整的叙事——宏大叙事策略，后通过小叙事手法，实现细密、柔和的渗透功能。采用小叙事策略，在主题选择方面，要突破“大国”“崛起”“复兴”等单一的成就主题，从历史、文化、自然、社会等各个领域展开真实、立体、全面的多样化叙事。在内容选择方面，要强调富有生活情景的个体叙事，弱化群体性的宏大叙事。与杰出代表相比，普通人最具代表性，能塑造真实的国家形象。因此，宣传片要采用个体叙事叙述具有社会影响力的历史、文化、事件，弱化宏大的集体性叙事，采取谦卑的姿态，以日常化、场景化的小微叙事为切入点，突出其中的生活气息和人情味，使其接地气。在符号和话语表达方面，避免泛政治化的语言和视觉符号，摈弃过多的政治隐喻。泛政治化和政治隐喻让事物呈现出意识形态的色彩，不利于国家形象的弹性表达。要采用口语化而不是书面语的解说方式，背景音乐可以选用轻快活泼风格，避免单一死板的、庄重肃穆的配乐和解说。从视觉形式方面来看，多采用超越民族文化符号或自然文化符号，减少政治、意识形态或者仪式性符号的使用。从镜头方面来看，增加近景及中景镜头的比例，降低全景和远景镜头的比例，拉近与受众的距离，加快叙事节奏。

5.4.3 话语渠道的提升：构建国际传播体系

1. 传播渠道多元化

媒体是中国宣传片国际传播的主力军。中国宣传片一直以传统媒体为主流传播渠道，如《中国制造，世界合作》投放于 CNN 的美国频道、美国头条新闻频道；《人物篇》发布于美国纽约时报广场和 CNN；《不同方式游中国》投放于英国伦敦的皮卡迪利广场；《游丝绸之路，品美丽中国》发布在 CNBC 电视台的多个频道及其官网。随着互联网普及率越来越高，网民用户越来越多，新媒体也愈发重要。根据 We Are Social 携手 Hootsuite 发布的《2020 年全球网络概览》（2021）显示，全球目前有超过 45 亿人使用互联网，而社交媒体用户已超过 38 亿大关。近 60% 的世界人口已经上网，到 2022 年中，世界总人口的一半以上将使用社交媒体。与此同时，以脸书、推特、照片墙（Instgram）、和快照（Snapchat）为首的社交媒体拥有众多用户。新媒体时代给宣传片的传播带来机遇。这些社交网站具有强大的海外影响力，成为讲好国家故事、宣传国家形象、了解世界想法的重要平台（王文、贾晋京、关照宇，2020）。

在这种新型传播时空中，宣传片的传播可以打破国家、地区等空间上的壁垒，消除地理层面的传播障碍，消解政治、经济权力的阈限。门户网站、论坛、博客、播客、微博、社交论坛、视频分享网站等新媒体在世界范围内搭建一个让一国政府和他国公众交流沟通的平台。在这平台上，受众可以直接快速观看宣传片，并形成他们的认知图谱，从而大大缩短从国家实体形象到国家媒介形象再到国家认知形象的进程。新的宣传片不断拓展或强化受众认知，帮助其建构认知层面的国家形象。这并不是一个单向的线性过程，而是不断重演、推进的复杂交互过程。与此同时，受众可以借助影像时时处处记录身边的人、事、物，通过编辑或程序化处理制成各种“专业”或“非专业”文本，参与国家形象信息的生产，亦可以通过在新媒体平台发布自制的国家形象信息，转载宣传片，或者对其进行即时的评论和反馈，加强宣传片相关信息的传播、扩散以及多向互动。同时，新媒体传播主要属于低语境沟通交流，可以较大程度弱化和消除高语境隔膜，减少高语境文化意义的理解难度和误读。受众因相似或共同的观点看法而形成一定的舆论场，汇聚成一支独立于官方的话语力量，能突破西方主流媒体的话语霸权，有助于宣传片的传播与接受。宣传片的传播、接受、反馈以及互动突破了单向的、分离的线性机制，而使一种裂变式传播机制，使持续的、强大的、开放式的宣传片传播和流动成为可能。

因此，宣传片的传播渠道不应局限于传统的报纸杂志，官方媒体及网站，还应该加强新媒体的布局。官方传统媒体应力求创新，向新媒体转型升级，并与民间媒体联手，官方为主，民间为辅，打造统一传播战略，完善立体传播格局。我们可以适当的放开网络，充分利用国外的社交媒体，同时推动我们的社交平台，如微信、微博等走向国际，助力宣传片的对外传播。

2. 优化传播策略

从 2009 年至今，中国发布了各类宣传片十多部，但是对外传播效果不佳。要改变这种状态，需要优化传播策略，整合各方力量，形成共同做好宣传片国际传播的大格局。根据麦奎尔传播理论，劝服性传播要经过“接触、感受、理解、赞同、记忆、恢复、决定、行动”8 个阶段（沃纳·塞弗林、小詹姆斯·坦卡德，1999：203）。虽然这是一个理想化的传播模型，但对于如何提升宣传片的传播力有所启示，因此优化其传播策略可以从“规模、力度、时机”入手。

第一，扩展传播规模，扩大覆盖范围。现有的宣传片以国内受众和欧美受众为主要对象，所以选择国内媒体为主传播渠道，部分借助境外媒体发布，但仅限于英美两国的媒体。为了提升宣传片的国际传播力，今后新的宣传片可以采取境内、境外不同区域的强势传统媒体和有影响力的新媒体同时发布，尽量覆盖主要的国家和地区，形成一定的传播规模，引领舆论。此外，鉴于不同国家和区域有不同的语言、视听习惯和文化风俗，可以采用更为精准的传播，实行分众化差异化传播，分为亚洲版、美洲版、欧洲版、非洲版等，在内容标准化的前提下，通过内容定制化和本土化有效提升宣传片的海外落地率和影响力。

第二，加强传播力度，增加传播频率。现有的宣传片一般选择国内国际大事件的时候发布，事件之后就没有再次在媒体出现，时效性短，难以给受众留下深刻印象。根据艾宾浩斯遗忘曲线，遗忘是在接触感受之后立即开始的，而且进程是先快后慢。在信息大爆炸时代，宣传片的相关信息淹没在庞大的信息流之中，难以形成“信息强势”，无法对受众施以影响，正如齐格蒙特·鲍曼（2001：15）所言，“简便廉价的通讯表明信息能快速扩散，快速到达人们，意味着信息爆炸和泛滥，也意味着人们很容易遗忘或者遗弃已获知的信息”。此外，宣传片其实是一个意识形态说服的过程。单次或短暂的传播“难以将特定的意识形态观念传递给受众，更难以在受众的意识中留下深刻烙印、争取正向的认同”（刘丹凌，2017：164）。这就需要加强传播力度，增加传播频率。宣传片本质上是一个国家的广告，因此可以借鉴商业广告的经验，在合作的媒体上定时或不定时反复播放，同时创作与中国宣传片有关的文创产品，丰富对外传播主题，形成连续性的形象刺激，强化形象记忆，促成认知接受（王小梅、司显柱，2022：76）。此外，可以采用政策扶持、税收减免、基金奖助等方式，鼓励民间社团、非政府组织、爱国人士等介入传播中国宣传片。比如受到国外受众热捧的李子柒，她的国外社交媒体吸粉无数，如果把相关的宣传片以恰当的形式嵌入李子柒的视频，应能快速增加宣传片的点击率和知名度。也可以设立“中国宣传片新闻报道奖”，以吸引对华友好的外籍人士主动报道相关新闻。宣传片重复传播和相关新闻反复强化的过程有助于海外受众接受和认同中国的国家形象。

第三，开拓传播时机，提高曝光度。宣传片一般针对某些重大活动创作，并在活动期间发布。这些重大活动都是媒介事件，是传播的中心、媒体关注的焦点，能够吸引受众的兴趣和注意力，是传播和塑造国家形象的重要契机，本身就是传播宣传片的绝佳时机。除了这个时机，要开拓其他传播时机，提高曝光度。一是可以将中国重要的节日作为有效的时机。重大节日作为文化载体，具有丰富深刻的文化内涵和社会价值，与一国的历史延续、文化传承、民族习俗息息相关，一般具有独特而丰富的庆祝仪式和喜庆欢欣的节日气氛，能够吸引外国受众，赢得他们的好感和认同。如中国春节正成为全球性节日，世界各地会举行丰富多彩的庆祝活动，吸引了各国媒体的关注。同时，中央电视台举办的春节联欢晚会，以其打造的传统媒体和新媒体多渠道全球直播吸引众多的国外受众观看，有着庞大的受众群体。如果趁此机会传播中国宣传片，必定会扩大传播范围，提高其影响力。二是可以将海外举行的中国文化年、中国文化中心、孔子学院等作为有效的活动平台和载体。这些活动平台是深化中外文化交流合作机制、提升海外民众对华亲切感，推动中华文化“走出去”的重要平台。在其举办相关文化活动时亦是播放宣传片的有利时机。三是将国际危机事件作为传播的重要时机。面对 2020 年突如其来的新冠疫情，中国政府果断决策，以非常之举应对非常之事，仅用一个多月就使疫情得到了有效控制，并向意大利、伊朗、伊拉克、塞尔维亚等国抗疫提供了援助。此举体现中国是能为世界承担责任，能够帮助其他国家的大国，赢得了国际盛赞，提升了中国形象。危机事件是考验一国中央政府的执政能力，国外受众关注危机本身，更关注政府如何应对危机，是传播宣传片又一重要时机。

第 6 章　总结与展望

本书从多模态视角出发，梳理了中华人民共和国成立以来的宣传片，并分析了这些宣传片如何通过图像、文字、声音等模态构建国家形象，从而勾勒出中国国际形象的嬗变并探寻提升国际话语权的路径。本书从宣传片所涉及的主要环节，即宣传片的拍摄和制作、解说词的翻译和对外传播三个环节进行梳理分析，展现了 70 余年间中国宣传片的发展历程和话语变迁，纵向记录中国的发展变化，描绘国家形象的嬗变。

国家形象研究是一个相对来说比较年轻的跨学科研究领域，宣传片也是 20 世纪初才出现的新兴事物。随着时代的发展和信息技术的进步，各国越来越重视自身的软实力提升，进而提升自己的国际地位和国际形象，因此纷纷拍摄宣传片，而宣传片也就自然而然进入学界的研究视野。多模态话语分析的研究始于 20 世纪 70 年代，也是一个比较新兴的领域，在应用中，有一些问题需要进一步搞清楚。本书试图从多模态话语分析的角度，构建一个适合宣传片的分析框架，来解析中国 70 余年的宣传片。第一，从理论基础上，首先追溯多模态话语分析的理论基础——社会符号学，分析其发展历程，归纳其研究方法，介绍多模态修辞，并重点归纳总结国内的多模态研究，在此基础上，构建适合宣传片的多模态分析框架，涵盖宣传片的宏观内容解析，形象构建解析，解说词翻译研究，和对外传播研究。第二，从纵向角度研究中国宣传片。笔者分析了中国宣传片的发展和研究现状，确定从纵向角度研究，力求涵盖历时性的历史探究和共时性的传播效果研究。将中国宣传片的发展轨迹，分为他塑，他塑为主、自塑为辅，自塑为主、他塑为辅，自塑、他塑合力共四个阶段，从多模态角度出发，分析不同阶段宣传片的拍摄背景，话语内容、特点和表达方式，分析其构建的国家形象，梳理国家形象的形成历程；从对外传播角度出发，总结宣传片对外传播的得和失，推动新时代宣传片的跨文化传播。第三，从横向角度研究中国宣传片。研究涵盖宣传片拍摄制作、翻译、对外传播三个主要环节，从而可以实现全程审视，整体把握。多视角的审视，全方位的探讨，使得出的结论更具有信服力。第四，从自塑和他塑两个角度探讨宣传片的解说词翻译研究。从多模态翻译出发，结合相关的理论，构建一个适合宣传片解说词多模态中英译的研究模式，研究自塑视角下，宣传片解说词的中译英问题，和一个适合宣传片解说词多模态英译中的研究模式，研究他塑视角下，宣传片解说词的英译中问题。第五，选取的分析对象是多角度，多方位的。从每个不同阶段分别选取一个宣传片作为分析对象，拍摄方式涵盖国外导演独立拍摄制作片、中外合拍片和中方独立拍摄制作片，题材包括社会现实、自然生态和美食，表现形式包括全景综述型和主题导向型。因此，本书一方面促进了多模态话语分析和多模态翻译的研究，另一方面对于多角度、多方位的宣传片的研究有促进作用，启迪其他学者进行更加深入的研究。同时，从多模态角度分析各类中国宣传片的拍摄制作和对外传播，有助于我们认识和改进相关的拍摄制作技术和理念，进而拍摄出更加经典、易于受众接受的宣传片；通过 70 余年间中国宣传片描绘的国家形象嬗变，勾勒中国的国际形象，有助于我们正确认识进而改进提升自身的国际形象；通过近 15 年中国自拍宣传片的对外传播效果分析，弄清导致传播效果不尽如人意的因素，有助于我们今后正视和改进不足之处；通过探寻中国宣传片国际话语权的提升，有助于我们正确认识并作出相应的改变，进而提升自身的国际话语权。

当然，宣传片的研究涉及许多领域，涉及对语言、符号、传播和公共关系等各个要素的把握，涉及语言学、传播学、语言技术、符号学等专业知识，涉及视觉设计、音乐制作、影视剪辑等相关技术，同时，还需要了解不同时期拍摄的宣传片的相关历史、文化、政治和社会背景，深入挖掘和理解该宣传片塑造的国家形象的核心价值和形象内涵，因此，宣传片的研究是一个跨学科的综合性课题。从这个角度看，由于笔者的视角和认知受限于自身的经历和知识背景，无法全面深入地了解宣传片的所有领域。同时，70 多年来，国内外的许多机构和个人拍摄制作了各种有关中国的作品。很多作品，从广义的角度来说，可以纳入中国宣传片的范畴，但是笔者在研究宣传片时，受到时间和资源的限制，无法收集到全面的数据。此外，受研究篇幅和时间的影响，分别选取宣传片发展的四个阶段的 1 个有代表性的宣传片进行多模态话语分析。

多年的实践证明，通过宣传片塑造传播国家形象已然成为向世界展示中国的有效手段之一。70 多年来，中国宣传片见证了中国改革开放前后的巨大差异，记录了社会翻天覆地的变化，折射出中国实力和国家形象的国际转变。宣传片只是国家形象塑造庞大工程中的一个环节，但是作用突出。具备主动传播力量和极强可控性的硬广告是提升国家软实力的重要组成部分。事实上，每个事物都有两个形象：实际形象和传播形象，但是传播形象决定事物的价值（张惠辛，2007：3），所以中国的国际地位源自其国际上的传播形象。中国国家形象在国际主流媒体中已经被动塑造和传播了很长时间。近十年，中国主动塑造和传播国家形象，积极融入世界性话语体系，意味着中国意图把握提升国际话语权，将对国际社会产生深远影响。

从中华人民共和国 70 余年宣传片塑造国家形象的发展历程看，从“他塑”，到“他塑”为主，“自塑”为辅，到“自塑”为主，“他塑”为辅，再到自塑他塑合力的过程中，我们积累了丰富的经验。第一，根据国家发展所处的阶段和国际形势，作出有利国家形象塑造，便于传播国家形象的选择，多渠道、多角度、全方位打造和传播国家形象。第二，借鉴其他国家成功塑造国际形象的经验，在此基础上消化、吸收、创新，并融合中华文化特色，在国际社会上积极主动塑造和传播国家形象。第三，遵循国际传播特点和规律，跨越文化障碍和社会制度差异，采用适合的叙事手法，讲好中国故事，塑造真实形象。第四，翻译宣传片解说词时，要发挥译者主体性，利用多模态翻译策略，译出时讲好中国故事，建立良好国家形象，译入时重构话语，纠正或者削弱他者塑造的负面形象。第五，紧跟时代潮流，发挥传统媒体和新媒体各自优势，升级传播模式和思维方式，改进传播语言体系。第六，国家形象的塑造，是一个长久的工程，必须立足长远考量，深根厚植，细水长流。然而未来我们将面临更加复杂的国际环境，不确定的全球危机和全新的挑战，因此我们需要更加努力，适应新的媒体传播环境，借助社会各界和“外力”创作和传播新的宣传片，讲好新时代的中国故事，塑造新时代的国家形象，让外国受众更好地了解一个进入新时代，展示新作为的中国，来提升我们国际传播影响力、中华文化感召力、中国形象亲和力、中国话语说服力和国际舆论引导力，在国际社会上打造真实、立体、全面的中国形象，塑造可信、可爱、可敬的中国形象。

随着各国开放合作的意识进一步加深，中国持续拓展对外合作的广度和深度，宣传片作为一种能够提升国家软实力和塑造国家形象的重要手段，会不断发展创新，担当起新时代赋予的重任。2023 年全国两会期间，人民日报新媒体重磅发布最新国家形象网宣片《PRC》，即 People's Republic of China（PRC）。为响应国内外网友需求，包含英语、法语、俄语、德语、西班牙语、日语、阿拉伯语、韩语（朝鲜语）、葡萄牙语、意大利语、斯瓦希里语、哈萨克语（基里尔文）、泰语、马来语、希腊语等 15 种外国语版本同步上线。未来，宣传片会更加注重多元化的内容和国际化视野，通过与国内外优秀的宣传片制作团队合作，采用更加先进的技术手段，展现中国的文化底蕴、经济实力、科技水平等内容，通过多种渠道和多种传播方式，让更多的人了解中国，了解中国文化，从而促进国际交流与合作，进而提升国家的软实力和国际影响力。

可以说，宣传片的研究前景非常广阔，因此需要学界的不断探索和创新，从而更好地推动国家形象的塑造和宣传。比如，可以从语料库语言学的角度出发，从语法、词汇、语言风格等方面分析宣传片的语言表达，探究其对于传达国家形象的影响和效果；可以从符号学的角度出发，研究中国宣传片所使用的符号、图像、色彩等元素，探究其意义和象征意义，在文化和历史背景下的演变和发展；可以从传播学的角度出发，研究中国宣传片的传播过程和效果，探究其在传统和新媒体环境下的传播策略和模式，以及传播效果和影响力；可以从艺术学的角度出发，研究中国宣传片的艺术表现手法和风格，探究其与中国传统文化和现代艺术的关系和联系，以及其在中国当代艺术中的地位和意义；可以从政治学的角度出发，研究中国宣传片在国家形象塑造和国家形象传播中的作用和影响，探究其在中国国家形象的政治背景和政治目的中的地位和作用；可以从文化资本论的角度出发，研究中国宣传片在文化资本的积累和流通中所扮演的角色和作用，探究其在国际文化市场上的竞争力和影响力；可以与其他国家的宣传片进行比较研究，探究不同国家的宣传片的异同和影响因素。未来，不同的学科可以从不同的角度发力，共同推进此研究体系的发展。

参考文献

ADAMI E. Multimodality [A]. GARCÌA O, FLORES N, SPOTTI M. Oxford handbook of language and society [C]. Oxford: Oxford University Press, 2016: 451—472.

BAKER M, SALDANHA G. Routledge encyclopedia of translation studies [M]. 2nd ed. London: Routledge, 2009.

BAKER M, SALDANHA G. Encyclopedia of translation studies [M]. 3rd ed. New York: Routledge, 2020.

BALDRYl A, THIBAULT P J. Multimodal transcription and text analysis [M]. London: Equinox Publishing, 2006.

BARTHES R. The retoric of the image [M]. London: Fontana, 1997.

BASSNETT S. Translation studies [M]. 3rd ed. London: Routledge, 2002.

BATEMAN J A. Text and image: A critical introduction to the visual-verbal divide [M]. Abingdon: Routledge, 2014.

BATEMAN J A. Position paper on argument and multimodality [J]. International Review of Pragmatics, 2018, 10(2): 294—308.

BAUMAN Z. Liquid modernity [M]. Cambridge: Polity Press, 2000.

BREDELLA L. Die Bedeutung von Innen-und AuBenperspektive far die Didaktik des Fremdverstehens. Revisted [A]. Bredella L, Christ H. Fremdverstehen und interkultuelle Kompetenz [C]. Tflbingen: Gunter Narr. 2007: ll—30.

CAMERON D, PANOVIĆ I. Working with written discourse [M]. London:

SAGE, 2014.

CATTRYSSE P. Multimedia & translation: Methodological considerations [A]. GAMBIER Y, GOTTLIEB H. (Multi) Media translation: Concepts, practices and research [C]. Amsterdam: JohnBenjamins, 2001: 1—12.

CH F. Pictorial metaphor in advertising [M]. London: Routledge, 1996.

DELABASTITA D. Translation and the mass media [A]. BASSNETT S, LEFEVERE A. Translation, history and culture [C]. New York: Pinter Publishers, 1990: 97—109.

DELIN J, BATEMAN J A. Describing and critiquing multimodal documents [J]. Document Design, 2002, 3(2): 140—155.

FORCEVILLE C. Non-verbal and multimodal metaphor in a cognitivist framework: Agendas for research [M]// G. KRISTIANSEN, et al. Cognitive Linguistics: Current applications and future perspectives. Berlin/New York: Mouton de Gruyter, 2006: 379—402.

FORCEVILLE C. Metonymy in visual and audio visual discourse [A]. VENTOLA E, MOYA A J. The world told and the world shown: Multisemiotic issues [C]. London: Palgrave Macmillan, 2009: 56—74.

FORCEVILLE C, URIOS-APARISI E. Multimodal metaphor [M]. Berlin: Mouton de Gruyter, 2009.

GAMBIER Y, GOTTLIEB H. Multimedia, multilingua: Multiple challenges [M]//(Multi) Media translation. Amsterdam: John Benjamins Publishing Company, 2001: viii.

GAMBIER Y. The position of audiovisual translation studies [M]// The Routledge handbook of translation studies. London /New York: Routledge, 2015: 45—59.

GENTZLER E. Translation and rewriting in the age of post-translation studies [M]. New York: Routledge, 2016.

GERZYMISCH-ARBOGAST, H. Introducing multidimensional translation [A]. GERZYMISCH-ARBOGAST H, NAUERT S. Challenges of multidimensional translation: Conference proceedings [C]. Saarbrücken: MuTra, 2005: 1—15.

GOTTLIEB H. Subtitling: A new university discipline [A]. DOLLERUP C, LODDEGAARD A. Teaching translation and interpreting [C]. Amsterdam Philadelphia: John Benjamin Publishing Company, 1992: 161—170.

HALLIDAY M A K. Language as social semiotic: The social interpretation of language and meaning [M]. London: Edward Arnold, 1978.

HALLIDAY M A K, HASAN R. Language, context, and text: Aspects of language in a social-semiotic perspective [M]. Victoria: Deakin University, 1985.

HODGE B, KRESS G R. Social semiotics [M]. Ithaca, N. Y. : Cornell University Press, 1988.

HUTCHEON L. A theory of adaptation [M]. New York: Routledge, 2006.

IEDEMA R. Multimodality, resemiotization: Extending the analysis of discourse as multi-semiotic practice [J]. Visual Communication, 2003, 2(1): 29—57.

JAKOBSON R. On linguistic aspects of translation [A]. Brower R A. On Translation [C]. Cambridge, MA: Harvard University Press, 1959: 232—239.

JEWITT C. Multimodality and new communication technologies [A]. O'HALLORAN K. Multimodal discourse analysis [C]. London / New York: Continuum, 2004: 184—195.

JEWITT C. Different approaches to multimodality [A]. JEWITT C. The

Routledge handbook of multimodal analysis [C]. New York/London: Routledge, 2009: 28—39.

JONES R H. A resource book for students [M]. Abingdon, Oxon: Routledge, 2012.

KAINDL, K. A theoretical framework for a multimodal conception of translation [A]. BORIA M, CARRERES Á, NORIEGA-SÁNCHEZ M, TOMALIN M. Translation and multimodality: Beyond words [C]. London: Routledge, 2020: 49—70.

KRESS G R. Multimodality: A social semiotic approach to contemporary communication [M]. London: Routledge, 2010.

KRESS G R, VAN LEEUWEN T. Reading images: The grammar of visual design [M]. London: Routledge, 1996.

KRESS G R, VAN LEEUWEN T. Multimodal discourse: The modes and media of contemporary communication [M]. London: Arnold, 2001.

KRESS G R, VAN LEEUWEN T. Reading images: The grammar of visual design [M]. 2nd ed. London: Routledge, 2006.

LAKOFF G, JOHNSON M. Metaphors we live by [M]. Chicago: University of Chicago Press, 1980.

LEFEVERE A. Translation, rewriting and the manipulation of literary fame [M]. Shanghai: Shanghai Foreign Language Education Press, 2004.

LEVINE P, SCOLLON R. Discourse and technology: Multimodal discourse analysis [M]. Washington, D. C. : Georgetown University Press, 2004.

LITTAU K. First steps towards a media history of translation [J]. Translation Studies, 2011, 4(3): 261—281.

MACHIN D. What is multimodal critical discourse studies? [J]. Critical Discourse Studies, 2013, 10(4): 347—355.

MACHIN D. The need for a social and affordance-driven multimodal critical discourse studies [J]. Discourse & Society, 2016, 27(3): 322—334.

MARTIN J C, PAGGIO P, KUEHNLEIN P, et al. Introduction to the special issue on multimodal corpora for modeling human multimodal behavior [J]. Language Resources and Evaluation, 2008, 42(2): 253—264.

MARTIN R M. Translation and Cognition [M]. Amsterdam: John Benjamins, 2010.

MAYORAL R, KELLY D, GALLARDO N. Concept of constrained translation. Non-Linguistic perspectives of translation [J]. Meta Journal Des Traducteurs, 1988, 33 (3): 356.

MECKEL M. Die vernetzte Welt [A]. MECKEL M, KRIENER M. Internationale kommunikation [C]. Opladen: Westdeutcher Verlag, 1996.

MENDIS P. Peaceful war: How the Chinese dream and the American destiny create a pacific new world order [M]. Lanham, Maryland: University Press of America, 2014.

MITTELBERG I, WAUGH L R. Metonymy first, metaphor second: A cognitivesemiotic approach to multimodal figures of thought in co-speech gesture [M]// FORCEVILLE C, URIOS-APARISI E. Multimodal metaphor. Berlin / New York: Mouton de Gruyter, 2009: 329—358.

NEWMARK P. Approaches to translation [M]. Shanghai: Shanghai Foreign Language Education Press, 2001.

NORRIS S. Analyzing multimodal interaction: A methodological framework [M]. London: Routledge, 2004.

NORRIS S. Multiparty interaction: A multimodal perspective on relevance [J]. Discourse Studies, 2006, 8(3): 401—421.

O'TOOLE M. The language of displayed art [M]. London: Leicester University Press, 1994.

ORERO P. Introduction: Audiovisual translation [M]//Topics in Audiovisual Translation. Amsterdam: John Benjamins Publishing Company, 2004: vii−xiii.

PEIRSMAN Y, GEERAERTS D. Metonymy as a prototypical category [J]. Cognitive Linguistics, 2006, 17(3): 269−316.

REISS K. Textbestimmung und bersetzungsmethode: Entwurfeiner texttypologie [A]. WILSS W. Bersetzungswissenschaft [C]. Darmstadt: Wissenschaftliche Buchgesellschaft, 1981: 76 −91.

REMAEL A. Some thoughts on the study of multimodal and multimedia translation [M]//(Multi) Media translation. Amsterdam: John Benjamins Publishing Company, 2001: 13.

RIKE S. M. Bilingual corporate websites: from translation to transcreation? [J]. The Journal of Specialised Translation, 2013 (20): 68−85.

SHREVE G M, ANGELONE E. Translation and cognition [M]. Amsterdam: John Benjamins Pub. Co., 2010.

SINDONI M. G. "The Semantics of Migration" . Translation as transduction: remaking meanings across modes [J]. Hermes — Journal of Language and Communication in Business, 2016 (55): 27−44.

SNELL-HORNBY M. The turns of translation studies: New paradigms or shifting viewpoints? [M]. Amsterdam: John Benjamins, 2006.

TOURY G A. Cultural-semiotic perspective [A]. SEBEOK T A. Encyclopedic Dictionary of Semiotics, Vol. 2: N−Z [C]. Berlin and New York: Mouton de Gruyter, 1994: 1111−1124.

TSERONIS A. From visual rhetoric to multimodal argumentation: Exploring the rhetorical and argumentative relevance of multimodal figures on the covers of The Economist [J]. Visual Communication, 2021, 20(3): 374—396.

URIOS-APARISI E. Interaction of multimodal metaphor and metonymy in TV commercials: Four case studies [M]// FORCEVILLE C, URIOS-APARISI E. multimodal metaphor. Berlin/New York: Mouton de Gruyter, 2009: 95—118.

VAN LEEUWEN T. Introducing social semiotics [M]. London: Routledge, 2005.

VAN LEEUWEN T. Critical analysis of multimodal discourse [M]. London: Blackwell Publishing Ltd, 2012.

BOULDING K E. National images and international systems［A］. 刘朋. 国家形象的概念：构成、分歧与区隔［C］. 北京：中国传媒大学出版社，2009.

白亚茹.《舌尖上的中国》的传统饮食文化研究［D］. 临汾：山西师范大学，2019.

布赖恩·麦克奈尔. 政治传播学引论［M］. 殷祺，译. 北京：新华出版社，2005.

曹永荣，徐剑，刘津芳，等.《中国国家形象片·人物篇》纽约时代广场传播效果研究［J］. 新媒体与社会，2017（2）：211—225.

常宇峰. 中国抗疫纪录片：讲述抗疫故事　传递中国声音［N］. 人民日报海外版，2020—04—30（7）.

车霄. 大学英语报刊阅读中多模态教学的应用实践研究［J］. 外语电化教学，2022（4）：65—70，118.

陈曦，潘韩婷，潘莉. 翻译研究的多模态转向：现状与展望［J］. 外语学刊，2020（2）：80—87.

陈晓，王家义．多模态语境下旅游翻译教学的多元读写能力培养［J］．牡丹江大学学报，2022，31（10）：96－101．

陈正，徐爱真．中国国家形象宣传片的跨文化分析——以中德受众视角比较为例［A］．姜加林，于运全．世界新格局与中国国际传播：问题与对策——“第二届全国对外传播理论研讨会”论文集［C］．2012：305－314．

程春丽．中国纪录片海外营销策略探讨［J］．电视研究，2013（12）：70－72．

程春丽．中国纪录片“走出去”探索与对策研究［J］．中国电视（纪录），2014（11）：43－51．

楚佳．应用型本科院校商务英语翻译多模态教学模式创新研究［J］．高教学刊，2020（23）：29－32．

当代中国与世界研究院．中国国家形象全球调查报告 2019［R］．北京：当代中国与世界研究院，2020．

邓静锶，王祥兵．新闻翻译与话语重构——以《经济学人》涉华文章翻译为例［J］．译苑新谭，2020，1（1）：49－55．

董璐．传播学核心理论与概念［M］．北京：北京大学出版社，2008．

冯薇．中国特色话语的全球本土化传播策略——以国产纪录片《舌尖上的中国》的海外发行为例［J］．山西大学学报（哲学社会科学版），2018，41（4）：81－86．

冯欣．跨文化视野下的中外合作纪录片文化主体间的对话—— 以《美丽中国》为例［J］．兰州大学学报（社会科学版），2013，41（1）：27－32．

符绍强，黄爱武．海外华侨华人在中国国家形象建构中的作用机制研究［J］．对外传播，2023（8）：41－44．

傅悦．多模态话语分析视角中的翻译质量评估——以《于丹〈论语〉心得》英译本为例［J］. 世界文学评论（高教版），2013（3）：201－209.

郜丽娜. 形象宣传片的多模态隐喻及转喻分析——以《锦绣安徽　迎客天下》为例［J］. 阜阳师范大学学报（社会科学版），2020（6）：40－46.

葛明驷，何志武. 国家形象片建构对内有效认同的叙事分析——基于对《角度篇》3 年网民评论的分析［J］. 中国出版，2014（14）：7－9，10.

葛明驷，何志武. 国家形象的自我认知：现实与想象的冲突——基于对国家形象片网民评论的分析［J］. 武汉理工大学学报（社会科学版），2015，28（2）：193－198.

谷兰. 从记录片《舌尖上的中国》看中国传统自然观［J］. 新西部（下旬·理论），2017（3）：80，96.

顾日国. 多媒体、多模态学习剖析［J］. 外语电化教学，2007（2）：3－12.

关国华，林升栋，徐蕾. 美国大学生看中国国家形象宣传片——希望寄托在年轻一代身上［J］. 新闻与传播研究，2013，20（6）：57－64.

关世杰. 跨文化交流学：提高涉外交流能力的学问［M］. 北京：北京大学出版社，1995.

管文虎. 国家形象论［M］. 成都：电子科技大学出版社，2000.

郭庆光. 传播学教程［M］. 北京：中国人民大学出版社，2009.

韩佳. 他者眼光与影像中国——安东尼奥尼纪录片《中国》研究［D］. 湘潭：湘潭大学，2013.

何苏六. 中国电视纪录片史论［M］. 北京：中国传媒大学出版社，2005.

胡富茂，宋江文，王文静. 多模态旅游翻译语料库建设与应用研究

[J]. 上海翻译，2022（5）：26—31.

胡开宝，张晨夏. 中国当代外交话语核心概念对外传播的现状、问题与策略[J]. 浙江大学学报（人文社会科学版）. 2021，51（5）：99—109.

胡庚申. 翻译适应选择论[M]. 武汉：湖北教育出版社，2004.

黄慧.《阿凡达》电影海报的多模态语境解读[J]. 电影文学，2013（13）：146—147.

黄立鹤. 语料库4.0：多模态语料库建设及其应用[J]. 解放军外国语学院学报，2015，38（3）：1—7，48.

黄立鹤，毛欣越，张弛. 基于多模态修辞结构理论的老年产品广告修辞策略分析：形象构建与心理诉求[J]. 当代修辞学，2021（5）：67—78.

黄立鹤，吴贇. 基于贴真体验与建模的多模态口译教学语料库构建及应用[J]. 外语教学理论与实践，2021（4）：127—136.

黄友义. 坚持"外宣三贴近"原则，处理好外宣翻译中的难点问题[J]. 中国翻译，2004（9）：27—28.

侯洪. 国家形象宣传片的界说、发展策略及国际传播[J]. 四川大学学报（哲学社会科学版），2014（1）：95—100.

侯建波. 电视公益广告的多模态互文研究[J]. 广西民族大学学报（哲学社会科学版），2016，38（4）：175—178.

侯宇靖，刘海平. 安东尼奥尼与中国[M]. 重庆：重庆大学出版社，2013.

蒋金洋. 英语儿童绘本汉译中的多模态关系呈现及其影响研究[D]. 无锡：江南大学，2018.

考林·霍斯金斯，等. 全球电视和电影：产业经济学导论[M]. 刘丰海，张慧宇，译. 北京：新华出版社，2004.

拉里·A. 萨默瓦，理查德·E. 波特. 文化模式与传播方式[M]. 麻争旗，等，译．北京：北京广播学院出版社，2003.
李战子．多模式话语的社会符号学分析［J］．外语研究，2003（5）：1–8，80.
梁兵，蒋平．旅游语篇多模态话语分析与中国文化对外传播［J］．外语学刊，2015（2）：155–158.
廖明君，邱春林．中国传统手工艺的现代变迁——邱春林博士访谈录［J］．民族艺术，2010（2）：17–24，34.
刘大燕．析 AVT 名称演变：从电影翻译到多媒体翻译［J］．上海翻译，2010（4）：61–65.
刘丹凌．制造共识："像化"中国形象的建构策略［J］．中州学刊，2017（10）：161–167.
刘剑，胡开宝．基于多模态语料库的英汉同传数字漏译现象研究［J］．语料库研究前沿，2021（0）：56–67.
刘继南，何辉．中国形象：中国国家形象的国际传播现状与对策［M］．北京：中国传媒大学出版社，2006.
刘娟，贺建平．检视国家形象宣传片的编码与解码［J］．中国出版，2013（19）：56–60.
吕健，吴文智．多模态话语分析视角下影片《金陵十三钗》的字幕翻译研究［J］．上海翻译，2012（4）：36–38.
吕洁．多模态语境参数视阈下字幕翻译的语义生成机制——以电影《血与骨》为例［J］．外国语文，2016，32（6）：128–135.
吕俊．翻译学——传播学的一个特殊领域［J］．外国语（上海外国语大学学报），1997（2）：40—45.
罗选民．关于翻译与中国现代性的思考［J］．中国外语，2012，9（2）：5–6.
罗选民．大翻译与文化记忆：国家形象建构与传播［J］．中国外语，

2019，16(5)：95—102.

马丁·海德格尔．走向语言之途［M］．孙周兴，译．台北：时报文化出版社，1993.

迈克·克朗．文化地理学［M］．2版．杨淑华，宋慧敏，译．南京：南京大学出版社，2005.

穆军芳，张青青．视觉语法视域下新能源汽车广告的生态性建构研究——以2020年奥迪新能源汽车广告为例［J］．北京科技大学学报（社会科学版），2022，38(4)：419—428.

潘艳艳．多模态视阈下的国家安全话语分析——以中美警察形象宣传片的对比分析为例［J］．外国语文，2019，35(1)：78—87.

潘艳艳．多模态话语分析到多模态认知批评分析的发展综述［J］．外国语文，2020，36(1)：35—42.

潘艳艳，张辉．多模态语篇的认知机制研究——以《中国国家形象片·角度篇》为例［J］．外语研究，2013（1)：10—19.

齐格蒙特·鲍曼．全球化：人类的后果［M］．郭国良，徐建华，译．北京：商务印书馆，2001.

邱凌．国家形象宣传片的跨文化传播策略［J］．现代传播，2011，33(12)：35—38.

裘莹莹，赵亚敏，杜洁．公益广告中的多模态转喻与隐喻的动态构建：以一则交通安全广告为例［J］．河南教育学院学报（哲学社会科学版），2012，31(6)：103—106.

任孟山．中国国家形象宣传片的国际传播学思考［J］．对外传播，2015（4)：20—22.

单万里．中国纪录电影史［M］．北京：中国电影出版社，2005.

邵培仁，潘祥辉．论全球化语境下中国电影的跨文化传播策略［J］．浙江大学学报（人文社会科学版），2006，36（1)：65—73.

史蒂夫·莫滕森．跨文化传播：东方的视角［M］．关世杰，胡欣，译．北京：中国社会科学出版社，1999.

斯科特·阿姆斯特朗．广告说服力：基于实证的 195 条广告原理［M］．吴国华，林升栋，康瑾，杨松，译．北京：商务印书馆，2016..

孙傲．意大利纪录片中的中国形象浅析——以《中国》为例［J］．艺术科技，2017，30(5)：21，24.

谭载喜．新编奈达论翻译［M］．北京：中国对外翻译出版公司，1999.

唐青叶，李青．话语研究的新途径——中介话语分析［J］．北京科技大学学报（社会科学版），2015，31（5）：35−40.

王丹娜．国家形象传播的动因与效果：从中国国家形象宣传片看国家形象的传播效应［J］．现代传播（中国传媒大学学报），2012（9）：147−148.

王红芳，乔孟琪．视听翻译、多媒体翻译与多模态翻译：辨析与思考［J］．外国语文研究，2018（6）：95−104.

王宁．重新界定翻译：跨学科和视觉文化的视角［J］．中国翻译，2015，36(3)：12−13.

王文，贾晋京，关照宇．后疫情时代，中国形象传播方式急需改革［J］．对外传播，2020（3）：23−25.

王小梅，司显柱．中国国家形象宣传片中的国家形象嬗变考察［J］．当代电视，2021（2）：77−81.

王小梅，司显柱．中国国家形象宣传片对外话语权的提升路径［J］．电视研究，2022（4）：74−76.

王治国，储银娟．多模态视域下中国原创图画书英译探赜［J］．上海翻译，2021（3）：50−55.

魏天瑶．中国国家形象宣传片在非洲留学生中的跨文化传播策略

[D].成都：电子科技大学，2020.
文军，杜琳.大疆公司官网中英译介传播的多模态协同重构[J].外语教育研究，2022（2）：33－40.
沃纳·塞弗林，小詹姆斯·坦卡德.传播理论：起源、方法与应用[M].4版.郭镇之，等，译.北京：华夏出版社，1999.
乌丙安.民俗文化新论[M].沈阳：辽宁大学出版社，2001.
吴国华，徐蕾.国家形象片《中国进入新时代》传播效果实证研究——以美国大学生为实验对象[J].对外传播，2018（12）：51－53.
吴国华，徐蕾，孙涛，等.浅析美国大学生对国家形象宣传片《中国进入新时代》的反应[J].现代广告，2018（21）：58－64.
武建国，李玓桥，张宏珊.《美丽中国》解说词的多模态翻译及国家形象建构研究[J].山东外语教学，2021，42（5）：31－41.
吴晓东.《舌尖上的中国》：一个民族的情感共鸣[N].中国青年报，2012－05－22（9）.
吴赟.媒介转向下的多模态翻译研究[J].外国语，2021，44（1）：115－123.
吴赟，牟宜武.中国故事的多模态国家翻译策略研究[J].外语教学，2022，43（1）：76－82.
熊学亮.从语言转隐喻的角度管窥视喻[J].天津外国语学院学报，2010（5）：1－6.
许勉君.中国多模态翻译研究述评[J].广东外语外贸大学学报，2017，28（2）：40－46.
徐小鸽.国际新闻传播中的国家形象问题[A].刘继楠.国际传播——现代传播论文集[C].北京：北京广播学院出版社，2000.
徐艳丽.跨文化传播中纪录片“走出去”的传播策略研究——以自

然环境类纪录片《美丽中国》为例［J］. 出版广角，2018（19）：83—85.

许文倩 . 关于《舌尖上的中国》中国家形象的塑造与传播研究［D］. 济南：山东大学，2015.

严佳 . 网络广告中多模态隐喻和转喻的认知构建及共现——以支付宝《账单日记》为例［J］. 山西农业大学学报（社会科学版），2016，15（1）：63—69.

杨海明，王洪华，张正芸，等 . 世界电影百科全书［M］. 北京：社会科学文献出版社，1993.

杨击 . 传播 · 文化 · 社会——英国大众传播理论透视［M］. 上海：复旦大学出版社，2006.

杨雨红 . 多模态视域下的电视口译意义生成过程研究［M］. 成都：四川大学出版社，2022.

尹明明 . 多模态话语分析视域下的法国经典文艺片字幕翻译策略探究［J］. 当代电影，2020（2）：164—168.

约翰 · 伯格 . 观看之道［M］. 3 版 . 戴行钺，译 . 南宁：广西师范大学出版社，2015.

约翰 · 费斯克 . 解读大众文化［M］. 杨全强，译 . 南京：南京大学出版社　2001.

雍强 .《中国》：辨别安东尼奥尼［J］. 电影，2005（5）：48—50.

曾侨骄，于善志 . 论汉语“水”的概念隐喻［J］. 宁波教育学院学报，2009，11（5）：28—32.

张德禄 . 多模态话语分析综合理论框架探索［J］. 中国外语，2009，6（1）：24—30.

张德禄 . 适用性社会符号学的理论与实践研究［J］. 外语与外语教学，2010（5）：5—10.

张德禄．多模态论辩修辞框架探索［J］．当代修辞学，2017（1）：1—8.

张德禄．系统功能理论视阈下的多模态话语分析综合框架［J］．现代外语，2018，41（6）：731—743.

张德禄，丁肇芬．外语教学多模态选择框架探索［J］．外语界，2013（3）：39—46，56.

张德禄，穆志刚．多模态功能文体学理论框架探索［J］．外语教学，2012，33（3）：1—6.

张德禄，王正．多模态互动分析框架探索［J］．中国外语，2016，13（2）：54—61.

张德禄，张珂．多模态批评（积极）话语分析综合框架探索［J］．外语教学，2022，43（1）：1—8.

张红军．纪录片美学随想［J］．电视研究，2001（1）：27—29.

张惠辛．超广告传播：品牌营销传播的新革命［M］．上海：东方出版中心，2007.

张克旭，臧海群，韩纲，等．从媒介现实到受众现实——从框架理论看电视报道我驻南使馆被炸事件［J］．新闻与传播研究，1999（2）：2—10，94.

张同道．中国表情——读解安东尼奥尼与伊文思的中国影像［J］．当代电影，2009（3）：94—96.

赵世林．云南少数民族文化传承论纲［M］．昆明：云南民族出版社，2002.

赵秀凤．概念隐喻研究的新发展：多模态隐喻研究——兼评 Forceville & Urios-Aparisi《多模态隐喻》［J］．外语研究，2011（1）：1—10，112.

中共中央文献研究室．关于建国以来党的若干历史问题的决议（注释本）［Z］，1983.

钟泽楠．国学典籍多模态翻译研究［M］．北京：知识产权出版社，2021.

朱敏华，严敏芬．多元识读背景下的英语课程设计研究［J］．中国教育学刊，2015（8）：79－81.

朱永生．话语基调的含义与主要内容［J］．外国语（上海外国语大学学报），1997（1）：26－31.

朱永生．多模态话语分析的理论基础与研究方法［J］．外语学刊，2007（5）：82－86.